リスクを移転し始めた不動産投資市場

移転したリスクはどこへ行くのか？

川津昌作 著

清文社

はじめに

日本の土地経済市場は、バブル経済崩壊後、ビジネスプレーヤーの総入れ替えともいうべきダイナミズムを起こし、市場の新しいニーズに応え続けてきた。その結果、２００５年以降の不動産投資市場は、大きな成長を遂げた。

「市場に顕在化する新しいニーズに対して、新しい技術革新で応えることによって、市場は成長する」

これが本書の中心的理論である。しかし、新しい証券化等の技術によって大きく成長した不動産投資市場は、サブプライム住宅ローン問題等、次なる破綻要素を生むことになった。

これが本当に「成長」といえるのだろうか。

改めて市場が、我々に問いかけている。

市場では常に新しい市場ニーズが現れ、これに対する新しい技術が生まれることによって、新しい均衡に向けて力強く変動する。これが市場のダイナミズムである。市場の持つ多様性が、このダイナミズムによって効率良く成長する。これが市場経済の長所であろう。

しかし、同時に市場経済は、不確実性（リスク）をも増幅する。

近代経済学の巨匠J・M・ケインズは、1960年代のアメリカにおいて、工場等の資産から得るリアルな期待収益を対象とする「投資」より、資産を転売して得る不確実な期待収益を対象とする「投機」が市場を席巻する状況を見て、「市場が賭博場化」していくことを懸念した。1960年代までのケインズの時代、「リスク」という概念は、市場には顕在化していなかった。「リスク」という言葉が市場を席巻するのは、本書の第5章で見るように、1980年代になってからである。

現在の不動産投資市場は、リスクが増大し続けている。ビジネスリスク、金利変動リスク、地勢リスク、為替リスク、金融信用リスク、金融システムリスク、アスベスト、土壌汚染、耐震・耐火性偽装……。これら顕在化する諸問題を受けて、ますます投資収益がリスクにさらされている。

これらの増大するリスクの担保（ヘッジ）なくして、投資は成り立たない。リスクを金融デリバティブ商品等でヘッジする場合、これらの商品の売り手は投機家（スペキュレータ）となる。市場は投資家（インベスター）だけでは成り立たなくなったのである。リスクヘッジする者（ヘッジャー）、リスクを受ける投機家がいてはじめて市場が成立する。つまり市場には、このインベスター、ヘッジャー、スペキュレータのバランスある調和が要求されるわけだ。

しかしその一方、リスクを新しい技術で低減するのではなく、移転する技術にばかり注目が集まっている。ただしそれは、リスクの移転というよりむしろ「先送り」、「たらいまわし」に等しい。これらの移転されたリスクは、すべて金融資本を介し、資本市場に集まってくる。サブプライム住宅ローンのリスクを証券化して移転した結果、許容範囲を超え、世界中の金融資本市場で胃痙攣《いけいれん》を起こす結果になったのだ。

過去にも、このような金融資本市場の胃痙攣ともいうべき事態が起こっている。例えば、ロシア通貨危機に端を発した巨大ヘッジファンド（ＬＴＣＭ）の破綻である。これら金融資本市場における世界規模の胃痙攣が頻繁に生じるようになり、しかもその規模が、次第に大きくなっていると感じる。

胃痙攣が慢性化した人の体は、どうなるのであろうか。

実務者として市場の内側から見ていると、リスクを低減する努力をなおざりにして、リスクの移転に終始している様子が見てとれるのだ。

本書では、海外から、日本における不動産投資市場の魅力の評価基準として挙げられる「マーケティング」及び「マネジメント技術」の成熟度を検証し、「今、市場で何が起こっているのか」を明らかにすることを目的とする。

現在、東京の不動産市場が、アジアの中にあって多くの不動産投資資金を集めている。これには、最近の投資市場の投資インフラの整備が大きく寄与しているといわれている。しかしその一方で、「マーケティングが皆無である」とまでいわれている。

実際にマーケティング技術がないのか、周知されていないのかは議論の余地があるが、確かに日本の金融に偏ったビジネスプレーヤーが、マーケティングを単なる市場ウォッチャーとして軽視しているのも事実である。そこで本書では、第1章において、不動産のマーケティング戦略の現状を取り上げた。

市場におけるマネジメント技術については、第2章において不動産投資市場全般のメカニズムを解説し、アセットの技術革新、デット（レバレッジ）の技術革新、エクイティ（リスク）の技術革新をそれぞれ第3章、4章、5章で解説する。

本書では、特に市場の現場から見た解釈を重要視している。

例えば、失われた10年といわれたデフレ経済から脱却し、地価が上昇し始めた要因は何か。巷で聞くエコノミストの解説では、低金利政策、金融緩和政策により、金利が低く内需は落ち込んだが、その結果、円安誘導がなされ輸出関連企業の業績が上がり、東京あるいは輸送関連産業を持つ地域経済で高い収益を実現し、地価が上昇し始めたとしている。

確かにこれは、現場にいても理解できる。それは2005年、東京以外の名古屋等、自動車関連の企業業績の恩恵を受けたエリアで、高い地価上昇を確認できるからだ。

しかし、もう一つ同様に、「低金利、金融緩和政策がここへ来て不動産への投資を促進した」という説明を耳にするが、これについてはどうしても理解できない。

10年間低金利金融緩和をし続け、まったくそれに反応しなかった市場が、「ここ」へ来て投資が始まった理由は？　10年間のんびり低金利金融緩和政策を続け、ここへ来て回復したからといって、「どうだ！」といわんばかりに手柄にされても、現場にいる者としては納得できない。「いずれ円高になるでしょう。いつかって？　それはなれば分かりますよ」と同じ論法ではないか。

この間、現場では不動産投資のビジネス手法が大きく変わった。冒頭に述べたとおり、不動産ビジネスプレーヤーの総入れ替えに等しいものがあった。新しい資産のオフバランス技術、再生技術、投資運用の技術が登場し、これらの技法を取り込むのに最適な、さまざまな投資ビークル（ＳＰＣ、匿名組合、Ｊ－ＲＥＩＴ、ＬＰ……）の開発が進んだ。

最も大きく市場ニーズに応えたのが、リスクの分散・移転の金融技術の開発である。再述するが、市場に新しいニーズが顕在化し、このような新しい技術革新で応えることによって市場は成長する。これがマーケットのメカニズムである。その結果、２００５年以降、地価が上昇し始めた。これが市場の現場から見た解釈である。

バブル経済破綻以降の不動産ビジネスプレーヤーの総入れ替えによって、ファイナンス、法律、理工系あるいは海外から、いろいろなプレーヤーが参入してきた。本書が、彼らに不動産投資市場の現場を理解する一助となれば幸いである。

末筆ながら、本著作にあたってデータを送付いただいたシンクタンク、また、アドバイスをいただいた先生、諸兄に御礼を申し上げる。

平成20年3月

川津　昌作

目次

第1章 マーケティング戦略 1

第3章　ビジネスの市場循環

第4章 デットによる成長戦略 159

第5章　エクイティとリスクマネジメント　209

第1章

マーケティング戦略

1　マーケティング理論

マーケティング理論は、ファイナンス理論や経済理論とは違い、モデル式を駆使して均衡値、収束状態を想定するものではない。

経済理論は、市場の中でリスクファクターに対し、さまざまな要素がどのように変動するのか、またファイナンス理論は、リスク資産の変動をどのように捉え、かつ、どのように評価するのかというものである。そしてこれらのモデルは、市場の中で実証されるにつれて、さらに精度を高めていく。

マーケティング理論は、その多くが戦略のためのものであり、市場で起きている現象を仔細に観察することから始まる。その理論は、「どのように実践して利益を上げるか」という戦略を裏づけるものとなる。

現代マーケティング理論における代表的な戦略は、「競争優位戦略」と「ブランド戦略」であろう。

市場で生き抜くためには、競争に勝つ必要がある。競争に勝つためには、市場の中でより優位なポジショニングをとる必要がある。そのための戦略が「競争優位戦略」である。市場において、他と差別化できる高品質の商品を開発する。この高品質によって競争優位を実現する。しかし、市場経済の激しい競争は、高品質だけでは生き残れなくなる。

そこからより大きな超過収益、力、市場での確固たるポジションを獲得するには、「ブランド力」が必要となる。単なる高品質だけでなく、ブランド力による競争を繰り返すようになり、より強大な力を持つブランドが、市場の中で競争優位を得ることになる。

さらに競争が進むと、いくつものブランドが集結してコアのブランドに貢献するパワーブランドを作り、あるいはブランドがブランドを吸収し、より強大なブランドパワーを形成する必要が出てくる。例えばトヨタ自動車では、レクサス、クラウンなどの高級ブランド、プリウスなどの環境ブランド、あるいはスポーツカーブランドなどをポートフォリオとして保有し、「トヨタ（TOYOTA）」というコーポレートブランドを形成していく。そしてさらに他のブランドを吸収合併し、ブランドパワーを増強していく。

しかし、強力なブランド同士の競争が繰り広げられる市場経済では、単に高品質、強いブランド力だけでは、次第に競争優位を得ることができなくなる。

そこで、高品質、強固なブランドを持った商品を「どうやって」市場で売っていくかという「ビジネスモデル」が必要となってくるのである。

このように、激しい市場経済の競争の中で、「高品質」から「ブランド力」に、さらに「ビジネスモデル」へと、マーケティングの戦略は変遷し続けている。

2　都市マネジメントの変遷

都市のフロントの変化

20年前の都市・街のフロントには、何があっただろうか。ノスタルジックな駅舎、銀行、郵便局、喫茶店、うどん屋、八百屋、アーケードの商店街。ロードサイドでは車のディーラー、ガソリンスタンド等である。

現在では多くの都市で、核となる駅の構造が変わってしまった。歴史的建造物として駅舎が残っていても、高層ビル郡に埋もれてしまっている。金融ビッグバンで銀行店舗が再編され激減し、その後にはコンビニエンスストア、あるいはATM機が取って代わった。

商店街はシャッター通りとなり、携帯電話ショップ、金券ショップ、ファーストフード、消費者金融等が登場した。そして、ガソリンスタンドの多くが姿を消した。

さらに、急速な少子高齢化により、新たなトレンドが生じている。2005年の経済財政諮問会議に出された21世紀ビジョンには、すでに「時持ち」と「生涯二転職四学習」という言葉が登場している。

60歳代定年の後、時間をもてあましている世代の増加。一生涯における転職は当たり前となり、一生奉公の概念が崩れ、6・3・3・4年の教育制度ではなく、普通の職業人が大学院へ通って当たり前、というライフスタイルへ変化しつつある。

また、「都心への回帰」が生じ、レジデンシャル（居住用）の高層マンションが都心に集積し始めた。大商業施設・高層マンションの建設・撤退を繰り返すことにより、都心の小学校では、生徒が急に増えたり減ったりする事態が起きている。この急変に、行政の対応がついていけない状況にあるのだ。

このような中、郊外に散った大学は、新たな「学生」を求め、競って都心に戻り始めている。逆に高齢化が進むエリアでは、都市といえども収益性が低下し、生活インフラとなりつつあったコンビニ、ファーストフードの経営が成り立たなくなる。これら小売流通業界に革命的進化をもたらしたコンビニ、ファーストフードも、すでに成熟産業となり、生産性の低い地域では、街のフロントから消えようとしているのである。

市場経済の原理が動かす国土形成

このように非常に速いスピードで、都市の形態、機能は変化している。「衛星都市」「ベッドタウン」と呼ばれ急成長してきた大都市郊外のエリアは、成長が止まっただけで、あるいは住民構成が高齢者世帯に偏っただけで、スーパー等大型商業施設が採算を悪くして撤退し、ライフラインがなくなり、「限界村」ならぬ「限界都市」になろうとしている。

これら都市のフロントあるいは都市そのものの変化は、国（行政）が形作ったグランドデザイン、全国総合計画等に基づいたものではなく、すべて市場経済の原理によって生じたものである。

従来型の行政主導による街づくりでは効率が悪く、特に手続きに時間がかかりすぎ、社会の変化のスピードについていけない。現に、従来型の中央で作られる全国総合計画の策定が機能しなくなり、国土形成が市場原理に委ねられてしまっているといっても過言ではない。

民主的なコンセンサス作りは、時間と労力が非常にかかる。たった公園一つであっても、住民の意見を全面的に取り入れ、十分に討議を重ねコンセンサス作りをするには、膨大な時間と労力を必要とする。そのため出来上がったときには、すでに時代遅れとなってしまうこともある。

それが民主主義ではあるのだが、市場がものすごいスピードで変化している状況では、非効率的な手法に見られがちである。ニーズが多様化する都心では、市場経済の原理を取り入れて、効率良くスピーディーに都市マネジメントを行う必要がある。そういうニーズが市場に顕在化してきたわけだ。

小泉政権下で動きはじめた都市再生

２００１年以降、小泉首相（当時）による構造改革論は、都市再生政策にも及んだ。都市再生本部が置かれ、規制改革の一環として、都市機能の大幅な見直しが始まった。

これは、バブル経済崩壊以降の全国均等に経営資源を配分するのではなく、効率性を最優先して配分する企業ニーズ、特にグローバルな競争にさらされている東京への集中、緊急に再生を必要とされる大阪経済、輸送機器関連産業で非常に高収益を生むエリアとなりつつあった名古屋といった都市ニーズの受け皿となった。

市場原理による都市再生のニーズと、これまでの古い都市マネジメントの概念の衝突の始まりである。

2002年、都市再生特別措置法が制定され、これにより都市再生緊急整備地域、都市再生特区が設けられた。これらの器（指定区）の目的は、第一にバブル経済破綻後、財政再建の中にあって、地方の道路等公共投資の全面的な見直しを実施しながら、ストップしていた大都市のインフラ整備を優先的に後押しするものであった。いわゆる東京の環状道路整備、空港整備等である。

さらに、国の資産の有効利用のための見直しでもあった。公務員、国会議員も含めた老朽化した官舎の有効利用である。これにより、多くの有効利用されていない資産が売却されることになる（2015年までに霞ヶ関を除く大手町、大阪、名古屋等地方都市で700箇所超の売却予定）。

第二に、都心部の駅前の再開発事業の後押しである。第1次指定の東京、大阪を中心とした有楽町駅前、大阪駅前等17地域から始まり、多くのニーズの手が上がり、第2次指定で横浜、名古屋等へ広がり、第3次指定では広島、仙台等の地方の政令地方都市にまで広がった。

再生特区の指定を受けると、低資金の金利融資の便宜、容積率の規制緩和等が受けられることになる。本来高い生産性・収益性があるにもかかわらず、容積規制、事業規制があってその収益性を実現できていないところでは、非常に大きな効果を実現することになる。しかし当時、この指定の対象とならない自治体、都市が負け組みになってしまうというイメージがあり、実効性の薄いエリアも一斉に手を上げた。従来の均一横並びの行政手法の名残でもあった。

第三に、さらに収益性が劣下した地方都市の、中心市街地再生ニーズに対する処方である。

このレベルにまで構造改革に対するニーズが広がったことは、特定の都心部だけでなく、生活の現場のほとんどにおいて、構造的問題を抱えているという市場の意思表示であると考えられる。

しかし現実には、第一の目的から第三の末端の地方へのケアまでには大きな温度差があり、最終的な末端のケアは、街再生のシステム作り、あるいは街づくりの基本的な考え方の提示でしかなかった。

地方の再生は行政システムの再生から

その後、２００６年に施行された改正中心市街地活性化法でも、地方行政が中心になり「コンパクトシティー」の街づくりの名の下、多くの計画が策定され、国の認可を受けているが、一方でその多くが「絵に書いたもち」との批判を受けているのも事実である。つまり、その多くが外部コンサルタントに作成させたものであり、「金太郎飴のようだ」というのが、マスコミをはじめとする批判であった。

確かに、お抱えの御用シンクタンクに書かせたプランを、まことしやかに立案しているケースはよく見かける。これらは利害の衝突が表立つとすぐに馬脚を現し、腰砕けになってしまう。補助金目当ての地方行政のパフォーマンスでしかなく、本当に汗をかいて何とかしたいという、魂の入ったものが少ないのが現実であった。

その中でも実効性が高いとされているものが、学校、病院等の公共施設機能のリニューアルを起爆剤として、地域経済を活性化させようというケースである。核となる公共施設をリコンセプトして、ニーズに合わせて使い勝手を良くすれば、商業は市場原理に則り後からついてくるという考え方である。

地方再生問題の本質は、大資本と中小資本あるいは業界内の利害調整ではなく、地方行政システム自体の再生であり、地方公共施設の利用方法の改善による地域の生産性の向上に対するニーズにあることを示しているわけだ。

「構造改革により生産性がますます良くなる大都市」と、「いずれ中央政府が何とかしてくれる」と待ち続けるのでは、地方と中央との格差は埋まらない。本来、地方政府と中央政府は対立軸ではない。しかし、一方で中央政府が「小さな政府」の名の下、リスクのある資本、効率性の少ない利権をさらに地方に権限委譲しようとしている。地方行政の再生は「待ったなし」の市場ニーズでもある。

小泉政権下の構造改革は、ある意味でサプライサイドの改革でもあった。構造改革の中でも、都心部の再生については明らかに大きな成果を上げた。それは「実効性のあるところに投資する社会資本整備は、非常に大きな経済効果を生む」ということである。

地方にまで改革が進んでいないのも確かであったが、地方においても本当に必要なところに対しては構造改革的都市再生投資をする必要があり、その効果は大いに期待されるところである。それは市場原理に基づく経済効果がついてくるところであり、必ずしも商店街の利害調整をするためのものではない。

2007年の参議院選挙における自民党大敗によって、地方再生がいよいよ土俵の上に乗った。この問題の本質は、単なる地方都市の中心市街地の再生ではなく、地方経済の再生であり、地方行政の改革に他ならない。

市場原理による再生

小泉政権の構造改革政策により、たとえ大都市だけであっても、都市マネジメントのビジネスが、従来からの「都市計画」という古い規制の呪縛から解き放たれたのは事実である。それは建設業界、あるいは不動産投資ビジネスにとって、新しいパラダイムへの競争の始まりでもあった。

均等分配のシステムがなくなった建設業界は、業界自体が存亡の危機にさらされることになる。無理な成長は、偽装事件、手抜き工事等の根源となり、技術力がなく社会的存在意義がないものは、市場からどんどん退場を迫られる。従来の手法、理論が通用しなくなり、新しいシステムが次々に生まれてくる中で、競争を通じて、市場の自然淘汰が起きることになる。

市場経済においては、需要と供給のバランスを通じて、資源の適正配分が効率的になされるというメリットがある。この適正配分をスピーディーに、誰にでも理解できるように行いたいというのが、市場原理の導入の意図であろう。

しかし市場経済は、第２章で説明するケインズの「一般均衡論ｖｓ古典派経済学」の議論のように、常に市場の自動調整メカニズムが機能するわけではない。市場メカニズムを正常に機能する状態にしてやることが、政策として必要となる。ケインズ経済学的な考えでいえば、生産能力に対して需要が足りない状況では、政府支出によって有効需要を作ることにより、市場のメカニズムを機能させるという考え方である。

市場経済のメカニズムは、成長を通じて問題が解決されることが多い。第3章で詳しく説明するが、技術革新が起こす、均衡から新しい均衡に移行する市場のダイナミズムも、成長を前提とした問題の解決であり、日本の経済もまたしかりである。

しかし、人のリアルな生活に常に成長を要求することは、常に競争にさらされることを意味し、結果としてついていけない人を生み出す。本来、市場経済に委ねられるべきは大都市の都心部に限られ、地方都市、周辺都市には市場競争の外にあるべくはずである。都市の高度な集積機能を必要とする多くの人たちが、都心への回帰をし、過激な競争原理に巻き込まれているのが現実である。

都心回帰の本質は、地方都市と大都市との生産性格差解消の一面でもある。従来の均等配分、人為的な行政序列に基づく再配分が行き詰まり、新しい手法を市場が求めているのである。市場を暴走させることなく、都市と地方との生産性の解消、効率性ある都市のマネジメントが求められているわけだ。

３　大規模商業施設と都市マネジメント

「デパート」というビジネスモデル

都市の核となる「大規模商業施設」が都市の生産性に与える影響は、都市のマネジメントにおいて非常に重要な問題となる。

特に大都市の都心部だけでなく、最近の地方都市の商店街再生の問題は、大規模商業施設の有効利用抜きには考えられない。現在、大規模商業施設の出店は「まちづくり3法」と呼ばれる枠組みの中の大規模小売店舗立地法（大店立地法）によりマネジメントされている。

しかし、日本のこの分野における、いわゆる大規模商業施設関連の都市マネジメントに関する法施策は、単純な不景気時の規制緩和、好景気時の規制強化だけでなく、さまざまな利害関係の調整に翻弄され、必ずしも都市の生産性の向上に寄与してきたとは言いがたい。

１９０４年、三越が株式会社化し、〝デパート〟としてのビジネスモデルが誕生した。当時の市場で顕在化した「欧米文化に対する憧れ」という市場ニーズに対して、石造りの西洋建築の建物にハイカラな商品を集め、欧米文化の生活を体現できるディスプレーショッピングというビジネスモデルが、そのスタートであった。

現在でも老舗百貨店の建物には、その名残が見られる。１９２３年の関東大震災を経て、百貨店と中小小売店との間で軋轢が生じ、「百貨店問題」が世に出た。この問題の本質は、中小小売店の経営難にあった。

1924年、日本百貨店協会が設立された。高島屋、大丸、十合、阪神急行電鉄百貨店部、野沢屋、ほてい屋、松屋、松坂屋、丸物、三越、白木屋の11社である。対する中小小売店は、商工会議所、政治家を介して百貨店業界に対抗した。その結果、1937年に第1次百貨店法が制定され、一定の規模、営業日、営業時間、監視機関等が定められ、許可制がとられた。その特徴は、戦時統制経済下における百貨店業界と中小小売店業界との利害調整であった。このような「業界」と「商工会議所」・「政治家」による「利害調整」がこの規制の本質であり、その本質は変わらず、以降紆余曲折を経て、近年にまで至った。

戦後間もない1947年、占領軍により百貨店法は廃止され、同年独占禁止法の制定により百貨店法に代わる業界を縛る法スキームが登場する。アメリカの社会システムは自由な市場競争が大前提であり、それゆえ自由な競争を保証するための独占禁止法の概念は非常に強かった。しかし、戦後といえども依然として中央管制システムが強い日本では、この独占禁止法の概念で経済システムをコントロールできなかった。

1950年代には朝鮮戦争特需による好景気を受け、百貨店問題が再燃する。都市部での中小小売店経営の圧迫だけでなく、資本を拡大し始めた百貨店が仕入先に不当な返品を要求する、派遣店員を要求する等の問題が顕在化し、1956年、第2次百貨店法が制定された。

ここでは百貨店審議会が制定され、新たなプレーヤーとして「学識経験者」の意見が求められるようになった。最も重要なことは、新規出店規制により既存の大資本の百貨店の利害が守られ、新規あるいは弱小資本の出店が排除されるという業界内での極めて資本主義的な利害調整が働いた点にある。

これは既存の都市部での大手百貨店の成長を促進させ、その後の高度成長期に向けて、「百貨店」というビジネスモデルの資本拡大化路線への道筋となった。その後、現在の大企業としての百貨店業界が出来上がったことになる。

スーパーマーケットのビジネスモデル

一方で１９５０年以降、スーパーマーケットが急成長し始める。「スーパーマーケット」とは、大型商業店舗に、ブランドなどのプレミアム価値と対峙する「効率性」を持ち込んだビジネスモデルであるといえよう。

「ダイエー」の歴史によって、スーパー業界の歴史を回顧してみる。

１９５７年、ダイエーの前身である大栄薬品工業株式会社が設立（１９６２年、「主婦の店ダイエー」へ商号変更）。１９７０年には「ダイエー」に社名が変更され、１９７２年には三越百貨店を抜き小売業売上１位となる。１９７５年に流通の新しいビジネスモデルともいえるコンビニエンスストア「ローソン」１号店が登場。ダイエーという先見性のあるスーパーのガリバー企業から派生したことになる。

その後、ダイエーは着実に資本を蓄積し、さまざまなビジネスを傘下に治めた。１９８４年にプランタン銀座がオープンし、１９９５年、福岡ダイエーホークスが発足した。１９９９年、ダイエーホークス優勝。２０００年、有利子負債２兆５０００億円ともいわれ経営危機が表面化。同年、ローソン東京証券取引所一部上場。２００１年、創業者中内氏の降板。２００１年、ローソン株式の三菱商事への売却。2004年、産業再生機構による支援開始。2005年、中内氏死去。2006年、産業再生機構によるダイエー株式の丸紅への売却が決定。その後丸紅主導の再生が始まり、これを機に失われた10年あるいは15年ともいわれた、国による不良債権の再生スキームである産業再生機構の役目が終わった。

流通革命ともいわれ日本の流通業界を牽引し続け、流通業界を現在の地位にまで引き上げたダイエーの栄枯盛衰が、スーパー流通業界の歴史でもあった。そしてそれは日本のバブル、バブル崩壊、失われた10年、デフレ経済からの脱却の歴史そのものでもあった。

さて、現在の大規模小売店舗の趨勢は、第1位がセブン&アイ・ホールディングスで総売上5兆3370億円、第2位イオン（4兆8240億円）、第3位ヤマダ電機（1兆4430億円）、第4位ダイエー（1兆2830億円）、第5位ユニー（1兆2280億円）、第6位高島屋（1兆490億円）、第7位西友（9960億円）、第8位大丸（8370億円）、第9位三越（8040億円）、第10位伊勢丹（7810億円）となっている（2006年数値（各企業IR情報他））。

大型商業店舗のビジネスモデルは、西洋文化の体現型ショッピングから効率性へと移行した。そして現在では、専門店から100円ショップまで高度に専門化し、業態のアンバンドリング（細分化）を起こしている。第3章で解説するように、17世紀の経済学者アダム・スミスが指摘した高度に専門化していく市場のダイナミズムが行われたわけだ。

その後は、2007年に大丸と松坂屋、伊勢丹と三越の統合が行われるなど、高度に専門化した商業施設の再編が起こった。

ちなみに、コンビニのトップ企業であるセブンイレブン・ジャパンの2006年の売上が2

兆５３３０億円である。２００６年度の売上ベースで上位30社を見てみると、うち百貨店、大手スーパー、ヤマダ電機等の専門店がそれぞれ3分の1ずつを占めている。

　時代は、市場での中小小売店と大規模商業施設との利害関係よりも、これら大規模商業施設間の激しい競争による利害衝突の方が激しくなっていくことになる。大規模商業施設を開発する技術進歩によって、流通業界は財サービスを流通させるものと施設をマネジメントするものとに分化されるようになっていく。

法スキームによる業界利害調整の限界

　話を元に戻そう。１９７４年、百貨店法に代わって大規模小売店舗法（大店法）が制定された。その大きな違いは、それまでの企業主義から店舗主義に変わった点にある。つまり、個別の店舗の出店に対し、規模その他さまざまな内容について、利害調整がなされるようになった。しかし、その利害調整は単なる中小小売店舗と百貨店だけでなく、スーパーを含めた三つ巴の利益調整、それも旧店舗と新店舗との対立軸、資本の理論と消費者の理論という、調整すべき利害が複雑化する段階に入った。同じ百貨店業界内でも、他店舗による営業時間延長等の新しい試みに対して、同法を使って対抗をするといった、本来の規制趣旨以外の使われ方をするようになった。

　そして、施行の運用においてもまた多くのプレーヤーが参加する事態となった。国レベルでも複数の審議会が関与し、法律の面でも小売商業調整特別措置法等が付け加えられ、調整、斡旋、勧告する商調協から、実際に権限を持った都道府県レベルの大店審議会等、さまざまな利害調整の場が登場し、多くの時間と労力を必要とした。
１９９０年になると、外資の小売流通業の参入障壁とみなされ、日米構造協議の対象となり、いとも簡単に規制緩和の方向がとられた。その後バブル経済が破綻、デフレ経済へと移行し、今度は規制そのものが否定されるかのように、１９９８年、大店法は廃止されることになる。

ＩＴによる情報革命は流通業を大きく変え、一部業界においては問屋機能を不要にすると同時に、小売店も市場ニーズの多様化に合わせ、さまざまな形態が登場した。アメニティー化するスーパー、最寄りのコンビニ、エンターテイメント化する百貨店、専門化するブランドショップ、セレクト化する高度集積都心部のモザイクショップ等等。さらにインターネットによる購入システム、物流改革による低コスト化等、市場原理によってそのシステムを次々に変化させている。

そのような状況下で、都市をマネジメントする従来の大店法等の規制が、市場の実態に追いつかなくなっていく事態が起きた。市場経済の変化のスピードに、規制がついていけなくなったわけだ。

大店法が、旧駅前商店街、大都市の都心部の大規模商業施設、郊外型のメガストア、そして資本、中小小売店舗業界、消費者すべての誰からも支持され得ない規制となっていく。消費者としては効率の良い大規模商業施設の誘致を望むが、駅前商店街としては利害調整ができかねる。行政が出店してもらいたい利益誘導と、大手スーパーが出店したい利益追求とが異なり、規制による市場の新しい均衡への移動を止めてしまうことと、推進することとが対立してしまう。その結果、規制による都市マネジメントが、八方塞の状況を生み出してしまった。市場原理によって大店法が誰からも支持されないものに追いやられ、廃止されたのである。

２０００年に制定された大規模小売店舗立地法（大店立地法）では、業界の利害調整がなくなり、地域住民との店舗の立地に関する諸問題調整の場へと、その特徴を移し（経済調整→社会調整）、管轄の主体も国から県、政令都市のレベルまで降りてきた。

この大店立地法と改正都市計画法、中心市街地活性化法の三法が、現在の街づくりの法スキームとなっている。そして市場競争の原理に委ねられた流通業界は、大資本が小資本を、新しいものが古いものを食いつぶす激しい市場競争を生んでいくことになる。

市場原理による自然淘汰

大規模商業施設が都市の核となり、都市の生産性に寄与することは間違いない。しかしその一方で、激しい市場経済の劣敗者となる駅前商店街等は、都市全体の足かせとなっている。特に地方都市の老舗駅前商店街の凋落ぶりは、大都市と地方における格差の象徴とされている。

衰退した又はしつつある駅前商店街の問題提起は多岐にわたる。先に見てきたように、大店法の歴史は、百貨店あるいはスーパーと、中小小売店舗との利害調整の歴史であった。しかし、１９７４年の大店法制定時において流通の近代化が必要とされる限り、その一方で中小小売店舗が自然淘汰されることは、すでに明確に認識されていた。

大店立地法の時代になり、法律上の調整対象が業界内の利害調整ではなく、出店者の論理と社会（消費者）の論理に移ると、ますます市場競争が激しくなり、自然淘汰が繰り返されるようになった。中小小売店だけでなく、古くからそのエリアの核となっていた老舗の中堅百貨店が、後から出店した郊外の大型スーパー、さらに投資を繰り返して大資本化する上位の大都市の都心部のブランド百貨店、大型専門店との競争に敗北し、廃店を余儀なくされていく。

自然淘汰の構図はこうだ。

中堅老舗の地元百貨店が在る商圏内あるいは商圏を含む郊外に、新しく大型スーパーが進出する。スーパーは施設が新しく、車が利用できて、品揃えははるかに多く、値段も安い。老舗の地元百貨店は、これに対抗するためには駐車場施設を拡充して、建物をリニューアルし、売り場面積を広げ、社員の意識改革をして、仕入先の信頼を取り戻して新しい市場ニーズに応えなくてはならない。

売り場面積、駐車場の拡充は、自分たちで作ってきた大店法、大店立地法により規制されて難しい。自分で自分の首を絞めてしまったのである。また、できたとしても、このために必要な資本の調達は簡単ではない。しかし、これができないと、たとえ老舗の百貨店であろうとも、市場競争で生き残れない。

大手資本百貨店と資本提携、業務提携をしても、多少の延命策でしかない。業務提携などは、その後にやってくる大手百貨店の大編成によって、大資本の理論であっさり切り捨てられる。その結果、早晩廃店となり、周辺の駅前商店街と共に廃れてしまう。

同時に、大都市の都心部では大資本の百貨店が資本力に物を言わせて増床し、周辺の商圏の古い中小百貨店を廃店に追い込む。この駅前商店街の衰退の原因はすべて大型商業施設にあるとして、被害者意識が連呼される。

しかし実際、このような古い中堅の百貨店より郊外の大型スーパー・上位の都市の大型百貨店を選んだのは、消費者である。そして、消費者の購買を勝ち取ったのは、市場ニーズに合わせてビジネスモデルを展開した大型商業施設である。

しかし、その大型商業施設の勝者であるはずの大都市百貨店といえども、株価が低迷するにつれ、外国資本に乗っ取られる危険が出てきた。これが新しい市場原理である「グローバリゼーション」である。

旧市街地の商業エリアの衰退は、極論を言えば百貨店法、大店法、大店立地法によって業界の利害調整で利権を守ることだけに専念し、ともすれば消費者のニーズを二の次にしてきたツケであったともいえよう。さらに、本当に魅力あるエリア・都市を作るのではなく、百貨店法の時代から、市場にある強い資本の力に頼りきっていたツケでもある。

現在に至るこれら一連の法整備の欠点は、都市のマネジメントに関する考えが持ち込まれないまま、特に不動産投資、事業投資に関する実務的なノウハウに着目されておらず、目先の利害調整、利権保護でしかなかったことにその問題があったといえよう。

さらに、バブル経済の崩壊とともに、財政難を理由に都市への投資、市場経済が必要とする都市のインフラ整備を止めてしまい、市場競争に都市自体が翻弄されてしまったことにも要因がある。市場経済に対する規制であったにもかかわらず、市場原理の負の部分である収益の低い商店街等の再生に、まったく機能しなかった。

市場経済下で必要となる公的介入は、保護・抑制する規制ではなく、効率の悪くなったものを早く市場から退場させ、市場経済が魅力を感じる街づくりを行い、都市の市場メカニズムをスムーズに機能させる介入である。

シャッター通りと出口戦略

〝シャッター通り〟といわれる駅前商店街は、収益を生まなくなった資産である。もし、本当に社会的存在意義を終えたのであれば、実務者はその収益を生まなくなった資産のことを「不良資産」と呼ぶ。

不良資産の処理方法はどのようなものであったか。

バブル経済破綻後の不良資産の処理方法については、ここで改めて列挙するまでもない。不良資産の多くは、資産自体に問題があるのではなく、運用者に問題がある。第一にとられなければならない対策は、資産を有効に活用できない持ち主から資産を有効活用できる新しいプレーヤーへ、早急にオフバランス（流動化）させ、すみやかに収益を生む体制へと変えることである。

ここで、投資である以上、それが不動産投資であれ一般の事業投資であれ、「出口戦略」が必要になる。

常に市場のニーズに対応する知識・流行への対応を必要とする小売店事業であれば、その事業主のモチベーション・年齢によって、ビジネスモデルの寿命には限界がある。

日本の中小零細企業では、日頃の利潤は不動産を介して蓄積されるケースが多い。これらの長年蓄積した資産にポータビリティー（持ち運び性）がなければ、市場経済のダイナミズム（力強い変革・創造の力）にはついていけない。

税制上の事業用資産の買替え特例制度等により資産が移動できないと、たとえビジネスモデルが劣下しても、そこに居続けなくてはならない。仮に市場が移動しても、もちろんついていけない。その結果が「シャッター通り」である。

これに補助金を注入して延命することは、まさに不良資産への追加融資で処理を先送りすることと何ら変わりない。商店街が劣下する前に、商店主にはより多くの選択肢・自由度を与え、その上で、市場経済の中での投資を実践してもらうべきである。

日本の税制・経済システムに、事業承継（投資出口）を推進するためのフレキシビリティ（自由度）がないことが、このような結果を生む要因となる。そして、このようにして収益性を劣下させた責任は、すべて周辺にできた大型商業店舗に転嫁される。20年、30年以上、事業が継続できることはありえない。コンビニエンスストアビジネスでも、登場からたった30年余りで、すでに成熟低成長産業になり、店舗の統廃合を繰り返しているのだ。

新しいものが古いものを駆逐する

流通市場にダイナミズムを求める限り、スーパー、専門店、百貨店を問わず、大規模商業施設といえども、激しい市場競争にさらされ、自然淘汰される。

では、「ガリバー」といわれたダイエーは、なぜ経営破綻を起こしたのであろうか。この問題を通じて、都市の商業施設と都市の生産性について見てみたい。

ダイエーの破綻原因については、その多くが、すでに分析されている。

例えば、資本の理論によって強い立場を保持し、リベートその他各種のコストに代わるサービスを仕入先に強いたことによって利益を上げるビジネスモデルを作り上げたが、それがかえって本来収益の根源となる競争力をなくし、長い意味で利益を生まない体質になってしまったと指摘される。これは当時の資本拡大を優先する資本主義にあって、十分考えられる問題点であった。

もう一つ、店舗施設の立地を含めた集客競争力の低下の問題である。

ダイエーは競合店に比べ、店舗の立地が悪かった点がしばしば指摘され、経営的なハンデとされた。

他に、やはり急成長後破綻をしたヤオハン等、老朽化した店舗を更新できず、この問題に直面して企業全体の経営危機に陥り破綻した例は少なくない。

ダイエーがスタートアップした1960年～70年代は、現在とは異なり、社会におけるスーパーの地位はまったく認められていなかった。

中内氏の業績が認められ、流通業界の代表として経団連の副会長に就任するのは、1990年のことである。1995年、ダイエーは球団経営に着手する。ちょうど楽天が東北に球団を持ったように、企業として社会的に認められたのが1990年代後半であった。昨今のように地方自治体あるいは商店街が、土地から補助金までを用意して誘致する時代とはまったく違い、弱い立場にあった。

ダイエーのビジネスモデルは、大量に仕入れて大量に販売することによって、仕入れコストを削減し、利益を生み出すというものであった。したがって、大量に売るアウトレット（販売店舗）を多く、素早く必要とした。しかし当時、まだビジネスとしてステータスがなかったダイエーに対し、用意される店舗用地は多くなかった。

そこでダイエーは、倒産した公設市場、町工場等の跡地に店舗を求めた。それは表通りではなく、裏通りの、決して良いとはいえない立地店であった。さらに１９８０年代のバブル経済に向かって地価が上昇し、建設コストがかさむなど、出店に関しては決して恵まれた状況になかったのである。

ただし、そのような中でも、先に述べたビジネスモデルによって、どうしても店舗を増やさなければならない状況にあった。先駆けフロンティア企業としての苦労である。さらに追い討ちをかけるように、後から恵まれた条件で新規出店してくる後続企業との競争を強いられるようになった。

前述の老舗百貨店の衰退と同じように、結果的に立地の悪さ、店舗の老朽化等のデメリットが、ボディーブローのように業績を悪くした結果、店舗を更新するだけの資本体力が失われたといえよう。

これら商業店舗、流通ビジネスモデルの優劣は、単に「新しいものが古いものを、大きいものが小さいものを淘汰するだけである」という問題を提起している。

店舗が大型化していく中で、店舗のリニューアルは大きな経営コストとなり、容易にはできない。よりメガストア化していくスーパーマーケットの店舗を開発するリスクは、非常に大きくなっている。現在隆盛を誇っている流通業のトップ企業といえども、さらに新しい競争相手が出現したとき、はたして店舗施設・立地を常に更新し、トップの地位を維持できるか、という問題がある。

極論を言えば、都市マネジメントにおいては、大規模商業施設の存在だけを都市の魅力としていると、大規模商業施設は市場原理で常に自然淘汰をくり返すため、そのたびに「都市の衰退」というリスクにさらされることになる。

一般に、海外の都市における中心市街地商店街の衰退問題はあまり聞くことがない。これは、都市が日本のようにモータリーゼーションに偏狭せず、路面電車などを有効利用して商店街へのアクセスビリティーを活用していることによるといわれている。プレーヤーの利害関係の調整に終始した日本と、商店街の本質的な多様性の創造を議論する海外との差は明確である。

4　エリア間競争

「エリア」という概念の登場

現在のエリア開発の起源は、国鉄民営化に始まる。

国鉄民営化により旧国鉄の資産（人材・土地）の有効利用が、市場原理に基づいて始まった。例えば品川・汐留のような土地空間だけでなく、大都市の駅舎等の大スペースが、新しい商業エリアとして1990年代後半以降、10年足らずの短期間で非常に大きな影響を持つようになってきた。

また、公的に管理されてきた駅舎という「器」が、民営化によりまったく新しい駅の概念へと生まれ変わった。これによって都市のフロントが一変し、これら新興エリアと老舗のエリアによる激しいエリア間競争が繰り広げられるようになった。

鉄道施設の未利用の容積率を使ったビジネスとしては、1960年代のアメリカで、イリノイセントラル鉄道が、鉄道の空中権を使って都市開発を行った例がある。鉄道の空中権までは行かなくとも、駅舎の空中権が、東京駅前でも遊休資産として活用され始めたわけだ。

札幌、名古屋、大阪、博多等、多くの都市フロントで、「駅」という概念が市場経済によってリライトされるようになり、新しいエリアが誕生し、従来の老舗エリアを圧倒している。東京でも、大阪でも、名古屋でも、中心の駅とは違ったところに従来の金融・ビジネス、商業、行政セクターがエリア展開している。これらが新駅前エリアあるいは品川、汐留、六本木等の新しいエリア開発と市場競争を展開し始めた。

さらに市場は、その次のエリア開発を要求するようになった。丸の内、大手町あるいは霞ヶ関等である。

これらは品川等と違い、既存のコンセプトエリアの「再開発」である。これらエリアの再開発は、単純なエリアの再構築と建物の更新ではなく、中身となるビジネスモデルの更新が必要となる。それが２００７年以降構想されている大手町の金融センター構想であり、霞ヶ関の行政エリア再開発である。

エリアのマーケティング

どんなにすばらしい商業ビルを作っても、その単体の資産だけで、市場の中で競争優位ある収益を実現することは難しい。不可能ではないものの、費用対効果から見て非現実的である。

エリアのブランド力を利用してプロパティの収益を上げ、またプロパティの収益がエリアのブランドパワーに貢献する。さらには、開発に携わるさまざまな企業のブランドにもフィードバックされる。

このように、ブランドプロパティのポートフォリオがエリアを作り上げる。そして、エリアが一つのパワーブランドとして、他のエリアと激しく競争することになる。

特に銀座、原宿等の商業エリアでは、顧客の満足を高めてより多くの集客を実現し、競争優位ある高い収益性を実現しなくてはならない。

エリアに来た人たちが十分に満足をせず、他のエリアへ流出すれば、即そのエリアの収益にとって大きな損失となる。エリアは来場者の望むすべての満足を取り込み、それ以上の満足、エリア側からいえば新しいビジネスチャンスを獲得して、はじめて高い収益を得ることができる。マーケティング戦略における顧客の囲い込みである。

そして、このエリア内で囲い込みを実現するのが、次に解説する「回遊性」である。

5 回遊性

銀ブラに見る「回遊性」

回遊性の最も分かりやすい事例が、東京銀座の「銀ブラ」である。

銀座では、銀座中央通りをぶらぶらしながらウインドウショッピングを楽しみ、時には買い物をし、飲食をし、友人と交流し「ながら」その時間を楽しむ。

銀座が持つ上位イメージである「老舗」「伝統」「リッチ」を体感させてくれる通りを回遊させることによって、このようなイメージを欲する顧客を満足させる。顧客は、イメージした通りの高品質の商品、サービス、食事時間、交流時間を体感することによって満足を得て、さらに銀座に対するロイヤリティー（忠義性）を持ち、また銀座にやって来る。

この銀座のイメージを形作っているのは、銀座エリアにある老舗の百貨店であり、ブティックであり、飲食店であり建物の景観であり、人の生業である。さらに、エリア内におけるこれらのイメージを作り上げるプロパティの「同質性」である。

銀座の回遊性は、銀座四丁目を中心に、一丁目から八丁目までの約500m＋約500mで構成される1キロ超（往復約2キロ）の通りである。

銀座の回遊性は、時代とともに大きく変化している。もともとは、新橋駅から中央通りへと人が流れた。やがて有楽町からの人の流れが生まれ、さらに数寄屋橋、並木通り、最近ではマロニエ通りから中央通りへと人が流れている。しかも、それぞれの回遊性で違った購買層を持っている。これらの通りをそれぞれサブブランドとして持ち、ポートフォリオを組むことになる。

原宿においても、神宮前交差点から南青山四丁目までは、やはり1キロ超である。また表参道にも「裏原」と呼ばれるサブブランドがある。これらは単なる単体のブランドではなく、サブブランドを持つブランド・ポートフォリオを構築している。

他に例を挙げれば、博多には天神エリアに大名エリア等が隣接し、名古屋の栄エリアでも大津通りに並行して久屋大通りがあり、エリアブランドを構成している。そして妥当な回遊性の規模が、おおよそこの距離、所要時間である。

回遊と滞留時間

エリアに来場した顧客を回遊させ、ショッピング、飲食、交流を通じて満足を提供するが、顧客の満足を得られないと、顧客は他のエリアへ、その目的を果たしに流出する。

顧客から多くの利益を上げるためには、回遊性の滞留時間をより長くさせる必要がある。お昼にそのエリアの来た客が、時間を忘れ、夜の食事までそのエリアでお金を落とせば、非常に収益の高いエリアとなる。そのためには、やたらと商品、宣伝広告、施設店舗を過度に集積させ顧客を疲労させるのではなく、ゆとりを持ち、顧客を疲れさせないエンターテイメント性があり、疲れてもすぐに休息がとれるように、フリーのユーティリティー（多目的）スペース等が必要になる。

ユーティリティースペースにはフリー休息スペース、カフェ、緑地帯があり、時には安価な飲食が可能で、客に窮屈感を与えず、清潔かつ安全・安心感をもたらすものでなくてはならない。

最近では多くの百貨店においても、回遊性の滞留時間拡大戦略を採用している。最も収益が上がる売り場の中心にユーティリティースペースを設け、椅子を置き、時には自販機を設置して休息を与えながら、顧客の滞留時間の延長を勝ち取る。それが顧客1人当たりの売上単価増加につながるわけだ。

徹底的にスペースのレンタブル比（貸室部分÷延べ床面積）を上げて収益を上げると、逆に顧客に窮屈感を与えることになり、すぐに他のエリアへ流出してしまう。

エリアに必要な同質性

エリア間競争では、他のエリアと差別化されなくてはならない。丸の内と品川、銀座と原宿、あるいは大阪と京都等、エリア間競争のためには、当然、差別化が必要となる。

ブランドエリアには、それぞれの上位イメージというものがある。銀座のブランドイメージで説明したように、このイメージを形成するのは、人、伝統、遺伝子、ビジネススタイルである。このような要素の同質性が一つのエリアのアイデンティティ（個性、存在）を作り上げ、イメージを醸し出す。通常、このイメージは街並み、景観、人、生活スタイル等を通じて認知される。この同質性はホモジェニアス（homogeneous）である。市場が一つのエリアを形成して、上位イメージを持ちながらある程度の規模に成長するためには、有効な「同質性」が必要になる。

しかし、最近の行き過ぎた市場原理によって、エリア内のこの同質性を壊す事例が頻繁に起きている。

分かりやすいのが、京都の独特の町並みが市場原理の名の下、マンション等の高層建築物によって破壊されてしまう例である。伝統、遺伝子をイメージさせる源となる同質性が失われていく問題である。

銀座、原宿、丸の内といった優れたエリアには、それらのエリアをイメージさせる「景観」がある。銀座の代表的な街路樹「柳」とビルの軒の高さ、原宿の街路樹「ケヤキ」と街並み、オフィスビル街の丸の内でも旧丸ビルに象徴された概観があった。

現在、丸の内で進行しているビルの建替えでも、旧丸ビルの景観を下層部分に持たせた上で、その上に高層ビルを乗せている。しかも高さ制限を設け、凸凹ではなく、統一した街並みを目指している。

これはすべて、景観を作り、エリアのアイデンティティを大事にする考え方に基づいている。

2003年に景観法が制定された。関連する「景観法の施行に伴う関係法律の整備等に関する法律」及び「都市緑地保全法の一部を改正する法律」と合わせて「景観緑三法」と呼ばれている。

銀座、丸の内等、代表的な都心部では、地区協定による建築制限が協議会で作られるケースが多い。質の高い利益を追求する共通目的の中で、当然必要となる取り決めである。これは、大都市の都心部だけでない。

さまざまな地域の歴史的に意義のある街並みに、市場原理による収益を求め、いきなり高層マンションが出現し、景観が壊されていく問題が頻繁に発生している。景観緑三法の目的は、明らかに行き過ぎた市場経済の利益追求に対して、規制を設けるものである。

ただし、やみくもに伝統や古き良き街並みを規制で保存するだけでは、エリアの成長は期待できない。言うまでもなく、古い伝統は常に革新をしたからこそ、今も生き続けているはずである。老舗の原動力は革新である。

同質性を壊すエリア内競争

市場の成長には、ダイナミズム（力強い変革・創造の力）が必要である。市場のダイナミズムは、多様性によってもたらされる。この多様性（diversification）は、エリアの同質性と対峙するのではなく、バランスよく共生しなくてはならない。

エリアの街並み、同質性を壊すものに、過度の「エリア内競争」がある。

エリア内競争は、エリアが確立する過程において、その内部で生じる。銀座の一丁目から八丁目間、あるいは表参道にはいろいろなコンセプトのエリア内競争が存在している。

表参道の真ん中に、いきなり高層ビルができたらどうなるのか。高層ビルもやはり一つのエリアと同じように、マーケティングの戦略をとり、そのビル内で回遊性を持たせ、同じエリア内といえども排他的な顧客の囲い込みを目指す。ビル施設内だけで回遊性を完結させ、他に対して排他的戦略をとろうとする。

最近のエリア開発では、エリアの中心となる核が高層の大型商業施設であるケースが多い。その施設の回遊性とエリアの回遊性が相乗効果を持ちながら、エリア全体を形成していく。

このように、それぞれの回遊性がポートフォリオとして構築され、エリアがマネジメントされていればよいが、自分の利益だけを追求し、高層ビル等の回遊性をそのエリア内で排他的に独立させると、エリア全体の回遊性が乱され、安定しない。

例えば銀座では、景観を乱す異質の高層ビル計画に対して、拒否運動を行ってきた。原宿では、建築のテクニックによって、高層ではなく、街並みの概観こそ維持したが、実質的に高層と同じコンセプトを持つ異質の回遊性を持つ商業施設の登場を認めた。「認めた」とは、同質性の保護ではなく、市場原理の導入を優先したことを意味する。その結果原宿では、異質の高額のテナント料が出現し、高くなった賃料に見合う高い収益を生み出すテナントばかりのエリアへと変貌していこうとしている。24時間営業の店舗などの進出が計画され、従来の原宿、表参道とは異なったイメージの出現である。新しい原宿のアイデンティティの模索とも言えるが、両者の選択が今後どのようにエリアに影響を与えるか、歴史の中で検証されることになろう。

6 ビジネスモデル

「どうやって」がビジネスモデル

企業が作り出す商品・サービスのグレードが、いわゆる「品質」である。昔は品質だけで商売ができたが、やがて市場競争が起き、品質だけでは競争に勝てなくなった。また、成熟期に入った先進諸国の市場では、ある程度の消費財は行き渡り、多少品質が良い程度では売れない状況になった。品質の高い商品といえども、他の販売促進が必要となる。この販売促進戦略の一つが「ブランド戦略」であった。

そして、市場はさらに競争を激化し、「品質＋ブランド」だけでは競争優位に立てない段階に入った。ブランドを備えた高品質の商品を「どうやって」売るか。この「どうやって」があるかないかで、勝敗が左右されるようになった。この「どうやって」がビジネスモデルである。

例えば「飲料水を飲みたい」というニーズを満足させるものには、喫茶店、小売店のジュースなどがある。その中で、どうやって缶ジュースを売るか。そこに「自動販売機の普及」というビジネスモデルがあった。品質、ブランド「＋α」があったわけだ。

音楽携帯端末機ｉＰｏｄ（アイポッド）は、品質が良くブランドが新鮮という理由だけで売れているのではない。ｉＴｕｎｅｓ（アイチューン）というソフトの普及によって大ブレークした。このｉＴｕｎｅｓこそがビジネスモデルである。ｉＴｕｎｅｓとは、音楽を一曲単位でネットからダウンロードして購入したいというニーズを喚起し、それに応えた新技術である。品質だけで勝負していた他社のメディアバイスとは次元が違った。

前述したような、初期の百貨店が、市場で顕在化した「欧米文化に対するあこがれ」というニーズに対して、日本の和風建築ではなく、西欧風の石造りの建物で西欧文化を体現させながら商品を売る手法も、三越、越後屋にとっては、創業何百年という老舗のブランドだけではなく、さらに「どのようにして」ハイカラな新しい商品を売るかというビジネスモデルであった。

多様なビジネスモデル

不動産ファイナンスの世界では当たり前のように使われている「抵当権順位」がある。説明するまでもなく、広く知られている担保権の設定順位であるが、もともとこれもビジネスモデルであった。

１９００年代初頭のアメリカは、農業バブルから都市バブルが起き、モータリーゼーション時代へと移りゆく繁栄と成長の時代であった。19世紀からアメリカの銀行は、国法銀行、州立銀行の二元制度を持ち、さらに商業銀行、信用組合などに分かれ、その役割が細かく規制されている中で、激しい競争を繰り返していた。

特に、不動産貸付には厳しい融資額の規制がかけられていた。その中で、一つの銀行の規制限度の担保設定に対して、劣後（後順位）の担保を設定してさらに融資のビジネスチャンスを得るモデルが拡大した。これが、銀行の営業品質・ブランド以上にどうやって融資を拡大しようかとする方法、ビジネスモデルであった。この手法は、やがて土地の価値を過大評価することにより融資枠を広げるという「土地バブル」を生んだことはいうまでもない。

この抵当権順位が、現在まで引き継がれている不朽の名作とのビジネスモデルであることは、ほとんど知られることなく、当たり前のように使われている。

「ヘッジファンド」もビジネスモデルである。リスクの高い資産に対して高度なリスクヘッジ、リスクマネジメントの技術を駆使する。当然、これらの技術は高いコストとなり、本来投資家が得るはずの収益を圧縮することになる。本来得るはずの収益は圧縮されるが、その分信頼性の高い収益となる。この信頼性の高い収益に高いレバレッジを利かせて、目的の投資収益を得る（拙著『ハイレバレッジ不動産投資』清文社、２００６年）。ヘッジファンドが「ハイレバレッジ投資機関」と呼ばれる所以である。

現在の市場では、「品質」、「ブランド」そして「ビジネスモデル」がコラボレートしてはじめて、市場での競走優位が獲得できるのである。ＩＴを駆使して品質の高い高層ビルを作り、エリアブランドでプレミアムな価値を作るだけでは生き残れない。

回遊性をビジネスモデルとして考える

先に紹介した「回遊性」を都市戦略のビジネスモデルと位置づけると、議論の目的は、より鮮明になるだろう。回遊性の滞留時間を確保する戦略は、裏を返せば、顧客を他のエリアに行かせないことである。マーケティング用語で言えば「スイッチング」である。

例えば、それまでルイ・ヴィトンの鞄にロイヤリティ（忠誠心）を持っていた愛用者が、シャネルにスイッチングすることと同じである。したがって、競争原理においてこのスイッチングは脅威となり、それを妨げる戦略が必要になる。

日本航空（ＪＡＬ）の愛用者が全日空（ＡＮＡ）に替わるためには、さまざまなブランドスイッチング障壁が戦略的に設けられている。例えばマイレージの喪失である。マイレージ、ポイント等は、単に顧客の利便性を上げるためのプロモーション（販促）だけではない。顧客に高いブランドスイッチング・コストを要求して、安易なロイヤリティ喪失のリスクを避ける機能を持たせている。

エリア内では、自分のビルへ流入させる導線は確保するが、他のビルへ流出する導線は設けない恣意的行為がなされることがある。あるいは、何らかのバリア（障壁）を設けることによって、自社の回遊性からの流出を避けようとする。これらは市場経済において、過度に利益を追求した結果起きる排他的な回遊性である。

そのような状況では、公開スペース、オープンスペース、パブリックスペース等の共有もできず、最終的には治安、防災面での安心性も確保することができない。その結果、エリア内のネットワーク機能を下げ、エリアブランドの魅力を下げてしまい、他のエリアとのエリア間競争にも大きな影響が出てくる。

このような市場では、市場競争により資源再配分等の自動調整機能を失ってしまうため、行政によるユーティリティースペースの設置、ネットワークの設置等の推進が行われ、市場を健全に機能させる必要がある。

高度に集積したエリアでは、中心に位置するユーティリティースペースが有効に機能することがある。従来のパブリックスペース、公園、公開スペースでは、必ず何らかの建造物が作られた。もちろんそれには利権があり、建築をせざるを得ない事情もあったろう。しかし、これだけ社会の変化が早く、ニーズも多様化していく中で、ニーズに合った建造物にタイミングよく変化させることは非常に難しい。高度に集積したエリアでは、むしろ「何もない」プレーンなスペースの方が有用性は高い。そこに参加する人たちが自由に使い方を考える。「ここではこのように休憩しなさい」、「この石の上を歩きなさい」という規制は、多様化する市場ニーズに合わない。

このような無目的のスペースが、やがて多目的スペースとなり、有効なユーティリティースペースとなる。市場を健全に機能させるためには、どうしてもこのような無駄にみえる余裕（遊び）が必要になる。

しかし、一つ間違えば、犯罪の温床、ゴミ等による社会コスト増大の元となり、一番管理者が嫌うものとなる。したがって、オープンスペースが作られたとしても、そこを柵で覆い、また段差を設けて人が使いにくいようにしてしまう場合が多い。

犯罪、ゴミ問題等を防ぐには、高いコストが必要となる。しかし、このようなコストを支払っても、エリアの魅力が上がるようなユーティリティースペースの必要性は、明確な市場ニーズであり、市場メカニズムにおける重要な戦略的ツールとなりうる。

7 リスクをとらなくなったマネジメント

ランドマークビルの建設ラッシュ

都心部の再生手法として用いられるのが、ランドマークとなる高層ビルの建設である。東京都心の新興エリア六本木、品川、あるいは老舗の丸の内、日本橋、さらには大阪、名古屋、博多等の都心部では、30階から50階超の高層ビルが建設されてきた。これらの動きは日本に限らず、上海、台北、ドバイ等のアジア新興都市でも同じである。そして、この高層ビルにおいても、それが一つのエリアとして、顧客の囲い込みを行う回遊性の戦略をとる。

かつて丸の内にあった三菱系のオフィスビルは、その90％超がオフィスであり、他の飲食店等は数％に過ぎなかった。つまりエリア内の従業員のための施設でしかなかったわけだ。

それが、現在建て替えられている高層ビルは、その3割がオフィス以外の物販、飲食店であり、下層部の6・7階部分にブティック、飲食店が入っているといわれている。このオフィススペース以外の非オフィススペースの量は、地方の百貨店クラスの規模である。

当初、これら非オフィススペースには、ブランドショップが配置されていた。しかし、マーケティング理論で説明したとおり、パワーのあるブランドショップは、ブランドの運営管理にリスクがある。つまり、流行の移り変わりが激しく、戦略上のリスクが大きい。

本来、ランドマーク的な高層ビルには小規模の店舗ではなく、百貨店等の大型商業施設が核として入店するケースが多かった。しかし、百貨店自体、安易な出店ができない状況にあり、テナントビル側も撤退時の大きなリスクをとりたくない理由から、大きなテナントを避けるようになった。このような状況で登場したのが、「コンビニビル」、「引き出しビル」である。

コンビニビル・引き出しビルとは

コンビニエンスストアの店内には、本・雑誌コーナー、雑貨コーナー、食材コーナー、飲食品コーナー、そしてレジがそれぞれ、最も売上が伸びるようにパターン化され、配置されている。目線にどのようなプロモーションを行うか、やりすぎで窮屈間を与えないよう、滞留時間を獲得するディスプレー（商品陳列）がなされている。これは人間の行動工学から求められる結論であり、概ねどこのコンビニでも同じ配置を行っている。

この配置をそのまま高層ビルの規模に、立体的に拡張させたビルをイメージしてほしい。これが「コンビニビル」である。つまり、ビルに入るとすぐに本屋あるいはカフェがあり、続いて雑貨、ブティックがあり、一番奥に飲食店があるというものだ。

また「引き出しビル」とは、細かいいくつもの店舗がひしめいていて、どの店の業績が悪くなり撤退しても、すぐに違う店舗と入れ替えることができ、店舗撤退のリスクが分散されるというものだ。そしてこれらの店舗の多くは、スタートアップのブランドショップではなく、下位のセレクトショップであることが多い。

セレクトショップは、ヨーロッパでは本来、ブランド直営のショップより歴史もあり、上位市場に位置する顧客のためにいろいろなブランドアイテムをそろえたブティックである。職人気質のカリスマブランドの中には、自分の販売ショップを持たないものが多く、カリスマ職人、デザイナーがブランドアイテムを作り上げ、これらの販売は信頼のおけるセレクトショップに任せるケースが多い。

例えば、イタリアの皮靴のブランドである「サントーニ」は、独自のショップを持たず、そのほとんどをセレクトショップに卸している。また、ブランドの中には独自の販売ブティックを持ちながら、あえてNYの「バーグドルフ・グッドマン」といった老舗の有名なセレクトショップに特別の商品を卸す場合もある。また、ボルサリーノ、ブリオーニ、エドワードグリーン等も、主に有名なセレクトショップで扱われている。バーグドルフ・グッドマンが、「5番街にある百貨店」と呼ばれているように、セレクトショップの延長線上にあるのが高級百貨店となるのだ。

このような上位のセレクトショップでは、顧客に合わせたいものを、顧客に代わってブティックがセレクトしているわけであり、決して雑貨屋ではない。その証拠に、店内では古くからのなじみの客に、完全に相対方式で販売する。店側もなじみの客のニーズを把握した上で、商品をセレクトしている。

例えば、このようなブティックに通りすがりの客が入店すると、店側もその客の好み（データ）を持っていないため、いろいろな話をして聞き出しながら、相対で商品提案を組み立てることになる。セレクトショップに来る客も、目的があって来るケースが多い。つまり、ふらっと入るには、あまりにも敷居が高いブティックである。

引き出しビルに入っているセレクトショップは、このような上位のブティックとはコンセプトが異なる。あくまで回遊性の顧客が気軽に入れて、単に他と差別化した商品を提供するのがコンセプトである。リスクをとりたがらない他の多くの百貨店も、特定の客ではなく万民受けする商品を多く陳列して、一般の客が自由に手に取れるようにし、また売れなければ瞬時に入れ替えができる品揃えをしている。引き出しと同じである。

プロパティマネジメントにも、リスクマネジメントの概念が大きく影響している。しかしその結果は、大きなリスクをとり、それを技術で管理してリスクを低減するのではなく、はじめからリスクをオフバランスしたマネジメントが主流になってきている。

しかし、戦略的な投資は、まずリスクをとることから始まり、このリスクを高い技術でマネジメントするのが本来の姿である。リスクをとれない体質が、結果的に企業収益を低くするわけだ。

8　生産性の格差と裁定

裁定理論によるダイナミズム

市場の中立的な均衡を理論的に説明する上で使われる言葉に、「裁定理論」というものがある。裁定理論とは、物の価格は本来一物一価であるが、他の市場との間に「裁定機会」と呼ばれる違った価格が存在するとき、安い方の市場で買い、それを高い方の市場で売り利益を得ることができる機会に基づく投資理論である。

しかし、裁定行為を繰り返すことによって、やがて裁定機会はなくなる。この裁定機会がなくなった状態が均衡状態であり、均衡状態にある価格が均衡価格である。

市場は、この理論的な均衡に向かって動いている。この動く力が、市場のダイナミズムである。裁定理論による理論的な均衡は、価格だけではない。例えば、市場で何らかの新しい技術革新（イノベーション）が起きた場合、このイノベーションによって想定される新しい市場と既存の市場との間で裁定が起きると、当然、理論的な均衡が想定される。そして、この均衡に向かって、市場は大きく動き出すことになる。

人が1人増えることによって増える生産量、限界生産量が増える限り、人類社会は成長するであろう。

技術革新によって生産性が向上すると、その技術革新の恩恵を受けるものとそうでないものとの間に格差が生じる。この生産性の格差は人口の移動を生み、人口の移動は格差の裁定行為となり、生産性の高いところを低くし、低いところを高くし、やがて格差は解消されていく。

東京と地方都市の間には労働賃金に違いが生じるが、それは生産性が違うからである。地方の労働者は、東京に出て高い賃金を得ようとする。生産性の格差が人口移動によって是正され、賃金の格差も再配分によって解消される。この裁定ができるカウンターパーティー（裁定の対象となる相手都市）が日本の都市の中では限られている。

日本でいえば、東京と大阪で裁定が起き、その結果、東京と大阪の格差がなくなれば、次に東京・大阪と名古屋等の地方主要都市との裁定が繰り返されるが、それ以上大きな裁定は確認しにくい。図表1-1は、過去50年間の三大都市圏への転入超過の実態を表している。高度成長期（1960-70）、バ

図表1－1　三大都市圏転入超過と経済成長率

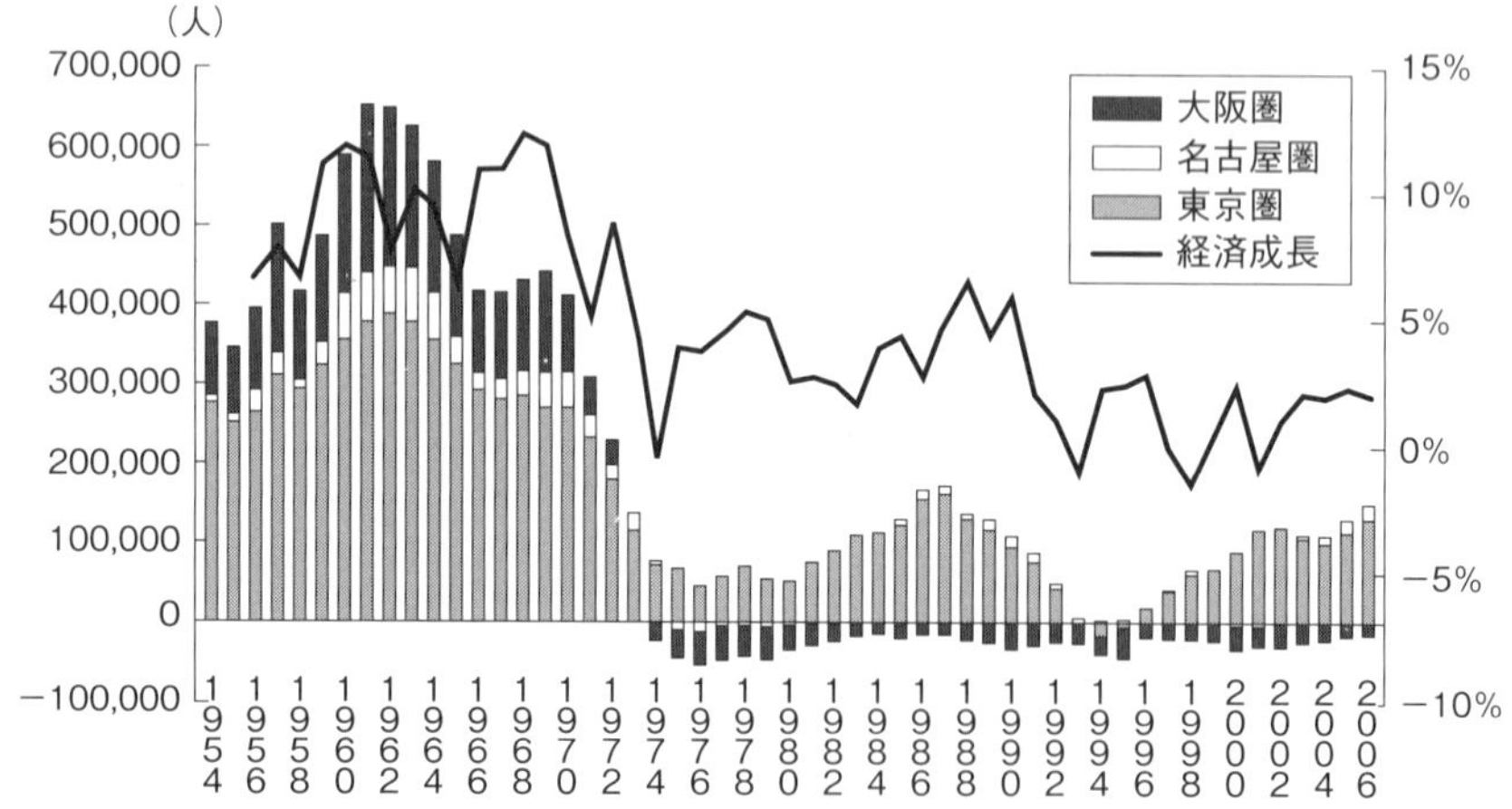

※住民基本台帳を元に筆者作成。
※経済成長：93SNA、68SNA合算

ブル経済期（1986‐88）、平成のいざなぎ景気超え（2002‐07）において、都市部への人口集中が起きているのが分かる。大阪が若干の転入マイナスを長期的に示している。

この図表に見られる3つの大きな景気時期においては、人口が流入する大都市で大がかりな都市開発が行われた。非常に大きな不動産投資が都心部でなされ、それがまた生産性を高めることになる。その好景気の象徴として、高級な文化住宅団地が開発され、「億ション」が登場し、数億円、数十億円もするような高度集積マンションが登場するようになった。2006年まで首都圏で1億円以上のマンションが年平均900戸前後開発されていたが、2007年には1600戸に増えている（東京カンテイ調べ）。図表1‐2は、最近の高額マンションのランキ

図表1－2　全国新築億ション平均価格ランキングベスト10（物件平均）

順位	マンション名	所在	分譲年	総戸数	平均価格（万円）	平均専有面積	分譲会社
1	フォレセーヌ赤坂丹後町	港区	2007	19	43,529	179.87	フォレセーヌ
2	グランドメゾン松濤	渋谷区	2007	26	34,868	167.78	積水ハウス
3	プラウド松濤	渋谷区	2007	21	34,127	141.02	野村不動産
4	パークマンション南麻布	港区	2004	42	33,100	162.59	三井不動産　住友商事
5	クロイスターズ広尾	渋谷区	2004	17	32,435	189.44	鹿島建設
6	グランツオーベル南平台	渋谷区	2007	43	31,818	156.29	有楽土地
7	パークマンション千鳥ヶ淵	千代田区	2003	64	31,757	148.70	三井不動産
8	クラッシィハウス広尾フィオリーレ	渋谷区	2003	14	29,083	201.98	住友商事
9	プラウド赤坂氷川町	港区	2006	15	28,535	134.76	野村不動産
10	プラウド神山町	渋谷区	2007	18	28,210	136.34	野村不動産

※分譲会社は分譲当時の企業名

※資料提供：東京カンテイ

ングである。市場のメカニズムを理解しようとしない傍観者は、この現象のみを捉えてバブルと呼ぶ。

格差社会で億ションが売れる仕組み

東京等の大都市では、常に新しいイノベーションが起き、あるいは高度なビジネスモデルが集積して労働生産性が高くなる。その結果、地方都市との間に労働生産性の格差が生じる。このような格差が生じると、まず、生産性の高い都市の非熟練労働者が、生産性の低い都市から流入してくる低賃金熟練労働者にとって代わられる。つまり、賃金格差の裁定が起きると、大都市の非熟練低賃金市場において、新しく流入してくる安い賃金との間で競争が生じ、賃金が下がる。その一方で、一部の熟練高所得労働者が高度な技術、ビジネスモデルを手にし、あるいは低賃金を利用し利益を上げ、ますます高い所得を得ることになる。結果的に、大都市では賃金の平均が下がる。

反対に、熟練労働者が流出する地方では、少ない仕事を多くの労働者で奪い合う競争がなくなり、また大都市で高額所得を得ることにより、全体の賃金が上がることになる。やがて大都市と地方都市の賃金格差は小さくなり、裁定機会が失われる。

経済理論における裁定モデルの詳細は第2章で解説するが、生産性の高い都市と裁定を行う賃金の安い都市が、国内の地方でなく中国といった海外にある場合、国家間の賃金格差の解消という形で起こる。その一方で日本国内においては、中国などとの低賃金競争にさらされる非熟練労働者は定職を奪われ、契約社員・パートタイム労働者となり、ワーキングプアを生むことにもなる。一部の高額所得を得る熟練労働者と、その他多くの低賃金労働者との間の格差がますます広がる。これが現在の日本で生じている格差の根源的要因である。

このような市場メカニズムが機能する都市のビジネスモデルとしては、まず、ますます高い所得を得る都市部の高賃金熟練労働者向けの高額マンションが開発される。それによって余剰が生じ、既存の時代遅れとなったマンションが、新しく流入してくる低賃金労働者たちに販売される。

これがバブル経済に登場する「億ション」、平成のいざなぎ景気超えに登場する「数億ション」の市場メカニズムである。高額マンションの登場は、新しい均衡トレンドに目標を置いたマーケティング戦略である。高級マンションの開発自体が、決して均衡を無視した欲得だけに駆られたバブルではない。

高度成長期（1960－70）、バブル経済期（1986－88）、平成のいざなぎ景気超え（2002－07）で都市部への人口集中が起きて行われた生産性格差の裁定を通じて、この期間、結果的に大きな経済成長を実現した。

高度成長期の経済成長率は年平均約10％であり、バブル経済期が年平均6％であった。問題は、平成のいざなぎ景気超えの年平均2％である。46ページの図表1－1をもう一度見ていただきたい。2002年前後、国内での社会的人口移動が極めて少なかったことを示している。つまり、大きな裁定行動が国内で起きなかった。この時期に日本経済が行っていた裁定行為は、アジア、中国の低賃金労働者との裁定であった。

市場のニーズによって、新しいイノベーション、ビジネスモデルが開発される。これらが開発されると、その市場では生産性が格段に向上し、賃金等の上昇が起きる。これが他の地方との格差となる。

この経済格差の裁定が、社会的人口移動を通じてなされる。イノベーションによって経済成長を喚起する政策は、サプライサイドの経済学者のオハコでもある。しかし、イノベーションが実際に経済成長を起こすのではない。これによって生じた経済格差を、低賃金労働力を利用することによってはじめて実現できるのである。低賃金を利用するということは、言葉を変えるなら、「労働力のレバレッジ」である。平成のいざなぎ景気超えでは、この労働力によるレバレッジを生じさせる社会的人口移動が国内で起きなかったのだ。社会的人口移動は中国国内で起きたのである。

9　都市の生産性とマネジメント力

都市間の生産性格差

不動産投資をする場合、その投資対象となる都市の収益性が非常に重要になる。収益性は、投資量に対してどれだけの果実を生むかという概念である。投入量に対してどれだけの果実を得るかという点においては、生産性も同じ概念である。

生産量を得るために投入する生産要素は、大きく「労働」と「資本」に分けられる。生産量（国であればＧＤＰ、県等であれば生産高あるいは所得）を投入した労働、資本で割ったものがそれぞれ労働生産性と資本生産性である。

通常、生産性といえば、この労働生産性を意味する。しかしこの資本生産性、労働生産性だけでは、生産高を説明できない部分がある。これが全要素生産性（ＴＦＰ）と呼ばれ、全体の生産性から資本による部分、労働による部分を除いた残りすべての生産性を意味する。

労働生産性は、資本装備率と資本生産性のどちらか、又は両方の改善によって向上する。設備等の資本がより大きな生産を生み、かつ、そのような高度な設備を労働者が多く持つことによって、労働生産性が向上する。高性能のパソコンを多く装備して労働生産性を上げることを意味する。

この生産性の高いところに投資を行い、高い成果を得る。これが市場経済における投資行為となる。そして、都市の生産性格差が新たな人口の移動を生み、都市における生産性は当然、地価経済に大きな影響を与える。

図表1－3では、日本の都道府県別の県民所得総額と、1人当たりの県民所得金額を比較している。所得総額では1位が東京、2位以下が神奈川、大阪、愛知、埼玉、千葉、最下位が鳥取県であるが、都道府県別の1人当たりの所得を見ると、1位が東京で2位以下が愛知、静岡、滋賀、神奈川、栃木、大阪で、最下位が沖縄となっている。

現在、県民1人当たりの所得が最も大きい東京都と最も低い沖縄県を比較すると、約2倍の格差がある。

日本の国土の狭さ、民族としての同質性の高さ、均一的な社会政策を考慮しても、中国、インドで起きている10倍ともいわれる格差よりは、小さいものと考えられる。

図表1－3　県民所得及び県民1人当たりの所得（2004）

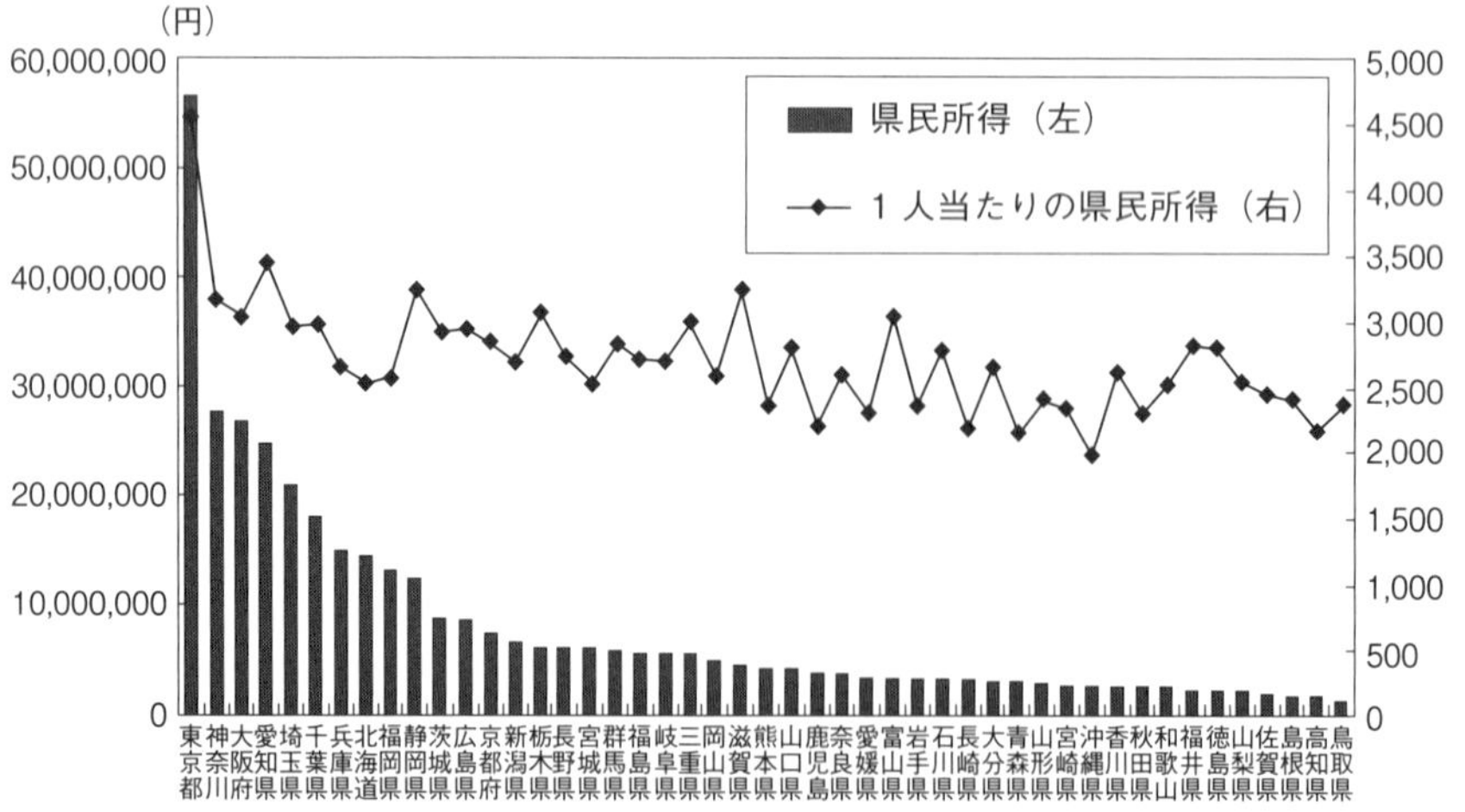

※内閣府県民経済計算（2004年）を元に筆者作成。

各都道府県別に見る所得推移と産業基盤の関係

県民１人当たりの所得で全国都道府県別の格差の動向を見てみると、格差の形成要因が非常に分かりやすい。

次ページの図表１‐４は、全国47都道府県の中でも特徴的な県を抽出して表している。縦軸が47都道府県の県民１人当たりの所得（１９９０年以降の都道府県別順位の変化）である。県民所得は、就業者の給与等からなる「個人所得」、地代利子等の「財産所得」、「企業所得」から構成される。

企業の業績が企業所得及び就業者給与に与える影響は大きい。期間を通して１位が東京、47位が沖縄県である。沖縄県の名誉のために注釈すれば、確かに所得は低いが、最近では人が好んで移り住み人口が増加している。豊かさ・魅力と所得（生産性）格差とは、別の問題であることを表しているといえよう。

図中の２００４年度のランクを見ると、大阪府より上位と秋田県より下位は、期間中大きな変動はない。

このデータの期間中、47都道府県の中で最も大きくランクを下げたのが岡山県である。岡山県は、水島にある三菱自動車の業績に大きく依存した産業構造をしており、そのピークは１９６０年代といわれている。また、１９９０年にはダイエー等が撤退し、典型的な低迷した地方都市となっている。輸送機器産業の集積地であるが、品質問題等で三菱自動車が業績を落としたことがそのまま県民所得を反映し、１９９２年に11位であったが１９９７年に32位まで下がり、２００４年でも28位である。

図表1－4　47都道府県県民1人当たりの所得ランキング推移

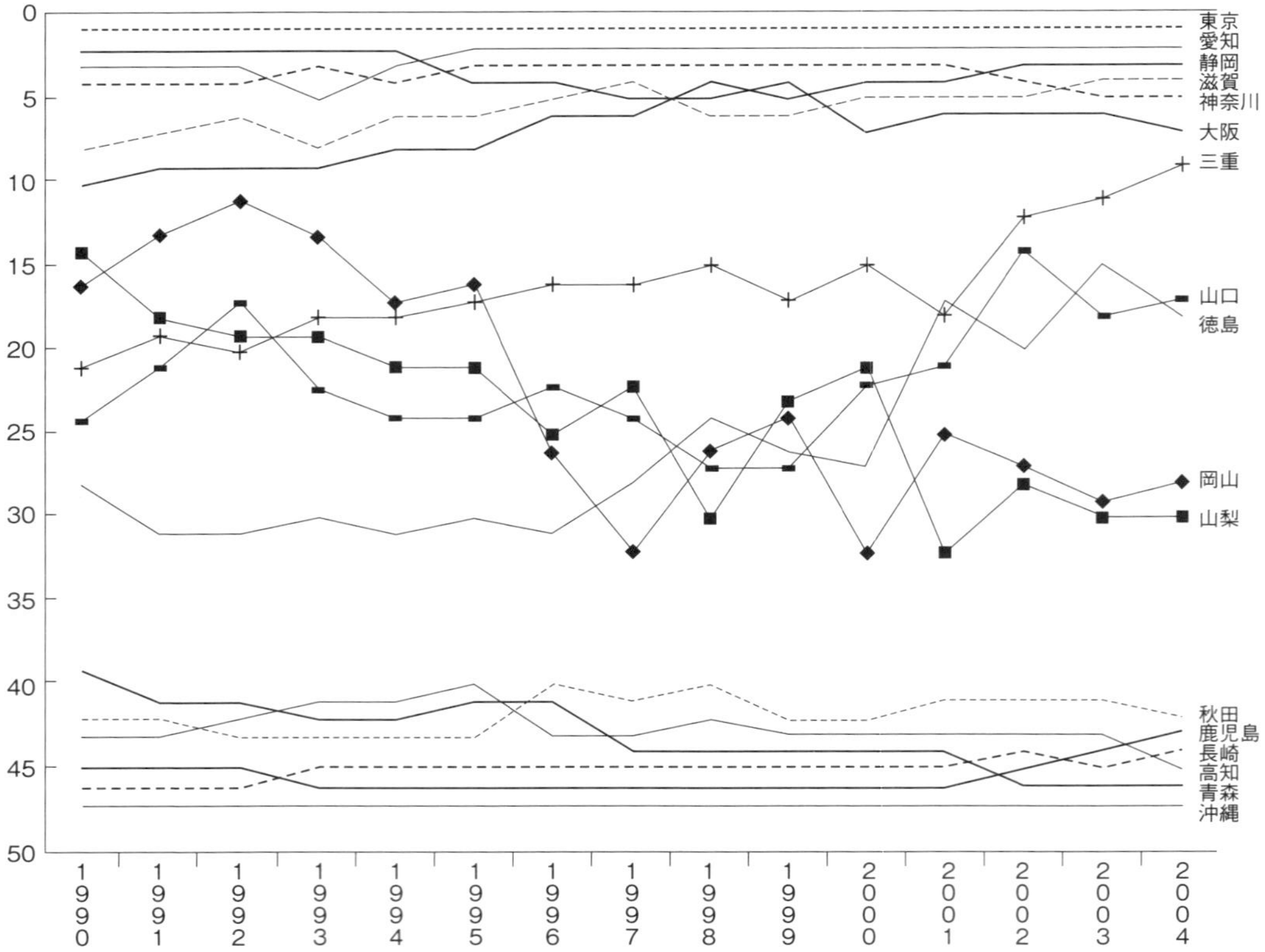

※内閣府県民経済計算を元に筆者作成。

山梨県は１９８２年に中央高速自動車道が開通して、その時に内陸工業団地を作り、当時隆盛を誇っていた家電メーカーを誘致した。１９８５年頃、県民所得が最も高く10位近くまで上がった。しかしその後、家電メーカーの中国への流出・国内空洞化によって低迷し、内陸ゆえに素材産業がなく、業種の分散ができなかった。さらに公共事業等の減少により、２００４年には30位にまで落ちている。

山口県は、石油化学等素材産業を中心にした石油、ガス、化学、化粧品、肥料、プラスティック等の産業構造を持っている。日本全体の製造業の業績回復に先行して、業績を上げている。一律上昇しているのではなく、業績に応じて１人当たりの県民所得順位も上昇下降している状況が観察できる。１９９０年以降、13位ランクを上げている。

三重県は１９６０年からすでにホンダ自動車鈴鹿製作所があり、日本を代表する輸送機器産業の好調さを着実にそのまま反映し、ほぼ1年毎に1ランクずつ順調に上昇している。２００4年にはシャープの液晶工場を誘致し、１９９０年以降、12位ランクを上げている。三重県によるシャープの誘致は、今や全国の羨望の的であり、地方経済の再生関連を紹介したメディアにも多く登場する。しかし、家電産業を誘致して15年、アセンブリメーカーの空洞化を急いで転換しようと、大変な努力をしている山梨県のような例もある。

確実な高い生産性を維持しているところは、根源的な産業の遺伝子を持っているといえよう。また財政投資の公共事業による経済政策と、イノベーションによる経済成長との違いともいえる。

全体を見てみると、輸送関連機器産業が根づいているところは、県民所得が極めて高い位置で安定もしくは上昇トレンドを保っている。また、素材産業があるところは、デフレ経済以降の企業業績の回復を反映して浮上してきている。

図表１－５で産業構造と１人当たりの県民所得を比較してみると、横軸の県名にある第２次産業構造就業者割合のトップ10は富山、岐阜、静岡、滋賀、愛知、三重、福井、群馬、栃木、新潟である（２００５年国勢調査）。県民１人当たりの所得のトップ10は東京、愛知、静岡、滋賀、神奈川、栃木、大阪、富山、三重、千葉である（２００４年県民経済計算）。東京を除いて、第２次産業のウエイトが大きい県が、県民１人当たりの所得が比較的大きいことが観察できる。

日本の生産性の構造は、東京を除いて、製造業が隆盛なところで生産性を高くしているといえよう。しかも、製造業の業績に大きく左右されている。ちなみに日本の第３次産業は、沖縄に見られるような観光産業を除いて、その多くが第２次産業から派生した産業である。製造業の産業基盤なくして、将来

図表１－５　産業構造と県民所得の関係

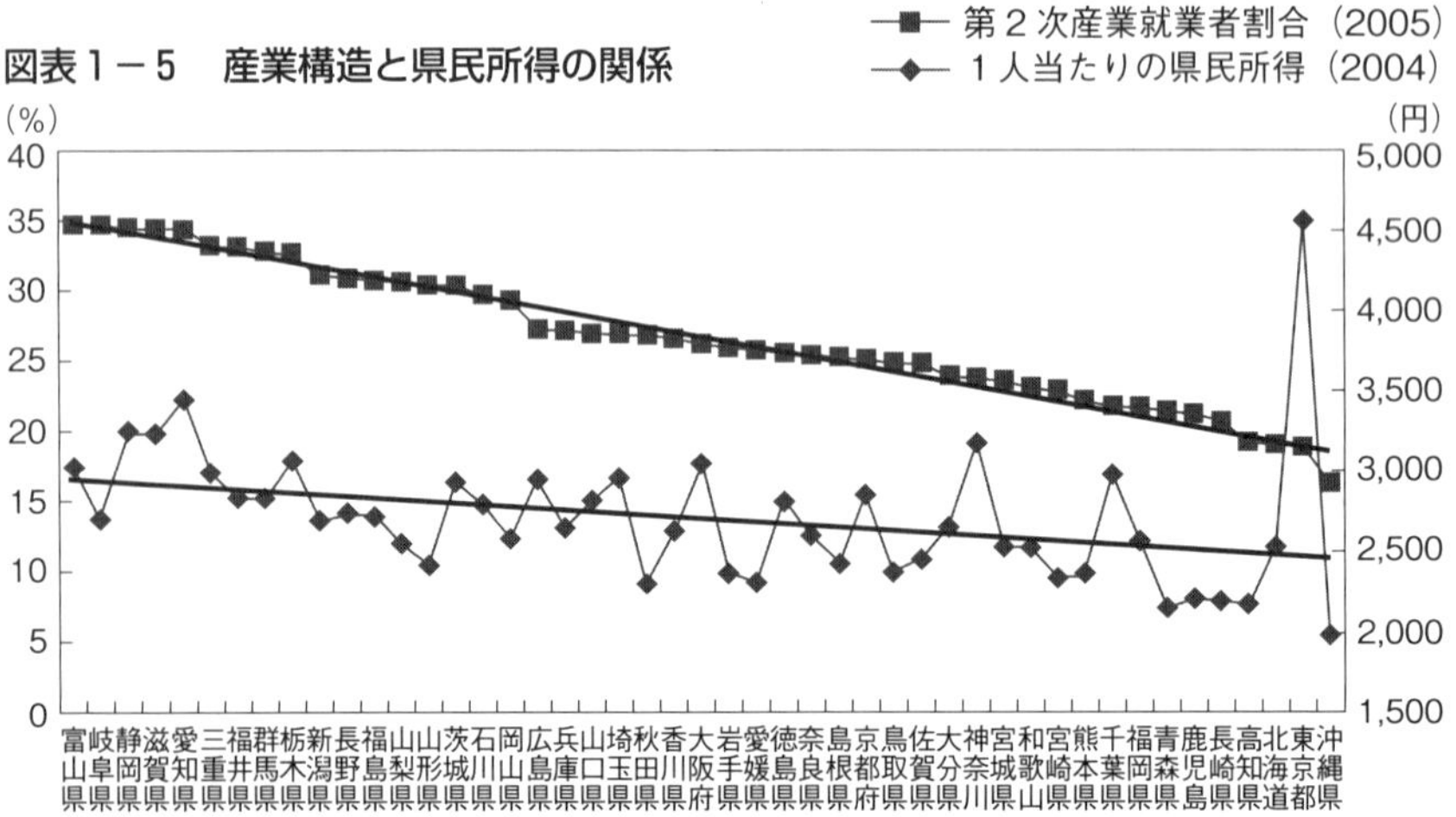

※国勢調査（2005年）、県民経済計算（2004年）を元に筆者作成。

的に主要産業となるＩＴ関連サービス業の隆盛もありえない。製造業の好調な業績の結果、蓄積される収益の受け皿となる地域経済のフロント都市で第３次産業が起き、都市の生産性向上につながり、地価の上昇をもたらすものと考えられる。

第2章

不動産市場の均衡

１　多様性の産物である不動産

経営資源としての不動産

現代企業における経営資源は、「人、資金、スペース、ＩＴ、資源（鉱物原材料）」であるといわれている。これらのうち、スペースを提供する器が不動産であり、この不動産という概念のベースになるのが土地である。

では、土地の本質とは、何であろうか。

例えば、ある土地の歴史的掲載要因、形状、地質的構造、土壌的な性格等、深く調査していく。そして最終的に、土壌を構成する砂・岩石の分類その他混合物・不純物を顕微鏡で調べたところで、そこから得る答えは「地球の生成に対するロマン」ともいうべきものであろうか。それ以上の答えは得られない。

土地は「利用の結果」にこそ本質があり、その利用目的は多岐にわたり、その結果もさまざまなものとなる。多様な要素の影響を受けて「スペース」という概念を作り出し、人はそれぞれのニーズに合ったスペースを求めようとする。これが市場ニーズとなる。

市場の多様性と均衡価格

日本では１９９０年代後半のバブル経済の崩壊以降、市場原理の導入、そしてグローバルスタンダードを受け入れることによって、市場原理を強く意識した新しい経済システムを模索するようになった。

市場経済の中で、多様性からなるスペースを価格に変換し評価するには、利用者すべての目的を満足する一物一価の絶対的な価値というものは存在しにくい。現に不動産の価格には、実際に取引される契約価格、収益から評価される価格、建築物の積算価格、あるいは政策的な監視指導価格というものもある。このように市場には、目的の違った人たちが多く存在し、十人十色の値付けが存在する。

例えば、親子間で土地を贈与あるいは譲渡する時、その土地は低い価格が好まれるだろう。反対に、ビット（入札）されて多くの応札があると、価格は異常に釣り上がることになるだろう。実務に携わる不動産ビジネスプレーヤーの感覚では、入札では応札者が3人以下だと相場以下、3～5人程度で相場並み、5人以上だと相場以上、10人以上の応札があると落札価格が暴騰すると考えられている。

不動産投資は、このような多様性で構成される市場の中で、その不動産の価格を評価して行わなくてはならない。そして多様な要素で構成される市場には、それぞれの多様な要素が望む方向性、基調（トレンド）が収束する「均衡（equilibrium）」という概念がある。

この均衡ポイントを価格とするのが、市場の「均衡価格」である。したがって、均衡価格とは、市場にある多様な要素が今後収束すると予想されるポイントであり、現時点ではなく、将来のポイントである。

将来といっても、当然近い将来の均衡価格もあれば、長期的な均衡価格もあるが、いずれにしろ将来の価格であるから、予測をする過程が必要となる。このため、その予測のためのさまざまな手法・モデルが研究され、大学の経済あるいはファイナンスの教科書で紹介されている。

市場価格の決定要因

効率性がセミストロング（三段階の中位・やや強い）と呼ばれる現在の日本の証券株式市場では、「裁定理論」と「キャップエム（ＣＡＰＭ）モデル」によって、価格形成がなされているといわれている。キャップエムモデルは、市場での均衡価格を想定するモデルである。何らかのモデルで均衡価格を想定することと、裁定取引をする行動が、証券株式市場の価格を決めているわけだ。

不動産投資の市場は、証券株式市場ほど効率的ではない。しかしこの均衡価格が、市場でのフェアマーケットバリュー（ＦＭＶ）の評価にも大きな影響を与えるのは事実である。

フェアマーケットバリューとは、市場に公開されているすべての情報が織り込まれ、個々の思惑から独立した、誰からの強い誘因（インセンティブ）に対しても、中立（ニュートラル）に形成された価格である。

そもそも「価格付け」とは、売ったり買ったりする行為、あるいは担保を設定する等、何らかの使途に供するために評価することである。したがって当然、価格には、売る場合には売り手のインセンティブが強く織り込まれ、買う場合には買い手のインセンティブが強く織り込まれる。また担保に供される場合は、担保債務者あるいは担保権者の意向による綱引きの影響を強く受ける。さらにあってはならないことであるが、税務当局が土地に課税する場合、もし財政が逼迫して多く課税したいという潜在的な要求があれば、やはりその意向を受けた評価基準が登場してもおかしくはない。

市場において、実務的に不動産に関するファイナンスイベントを評価するという場合は、必ず何らかのインセンティブが織り込まれるはずである。

ファイナンスイベントとは、購入、売却、再投資、その為の資金調達、オフバランス、M&Aあるいは事業体の上場等の資金調達を伴う投資行為である。そのインセンティブに対して、市場の基準価格等を想定して、それより高いから売る、あるいは低いから買うというファイナンスイベントの意思決定を行う。この基準価格の一つに、「均衡価格」という考え方がある。

2　市場の4象限均衡理論

4象限均衡理論の概要

ここでは、不動産投資ファイナンスの教科書で取り上げられる代表的な均衡価格の考え方について紹介する。

教科書に登場する代表的な均衡価格理論の一つに、「4象限の均衡価格理論」がある。

以下で紹介するモデルは、アメリカの不動産ファイナンスの代表的な教科書であるDavid・Geltner, Norman・G・Miller「Commercial Real Estate Analysys and Investment」(South-Western Educational Pub)で紹介されているモデルを基に筆者の理論を説明する。この書籍は、日本では2006年になってようやく翻訳出版されている(『不動産投資分析―不動産の投資価値とファイナンス』川口有一郎監訳、プログレス)。第1章ではミクロレベルの地価に与える影響を見てきたが、4象限の均衡価格はマクロレベルの地価の形成理論である。

次ページの図表2－1にあるように、不動産価格は不動産を利用する「賃貸市場」と、不動産資産を直接取引する「資産市場」の二つの市場から影響を受ける。

賃貸市場ではさらに二つの均衡関係を持つ。一つは、賃貸マンションあるいは賃貸オフィススペース等の需要と供給の均衡関係、二つ目が、不動産開発業界から産出されるスペース量と市場における減耗率による在庫調整との均衡関係である。

また資産市場も、家賃等からなるキャッシュフローとそれを資本市場からの影響を受ける投資利回りで還元した収益還元評価との均衡関係、さらにその収益還元評価と建築コストの均衡関係という二つの均衡関係による影響を受ける。

この「2市場の4均衡関係」を連結させたのが、四つの象限を持つ市場均衡価格理論である（図表2‐2）。この均衡価格は、長期的な均衡を意味する。

まず第1象限には、一般的な右肩下がりのオフィススペースの需要曲線がある。図表2‐3は第1象限だけを取り上げたものであるが、オフィススペースの量（ストック）が一定の場合、オフィスワーカー（労働力）の増加によってオフィススペースの需要が高ま

図表2－1

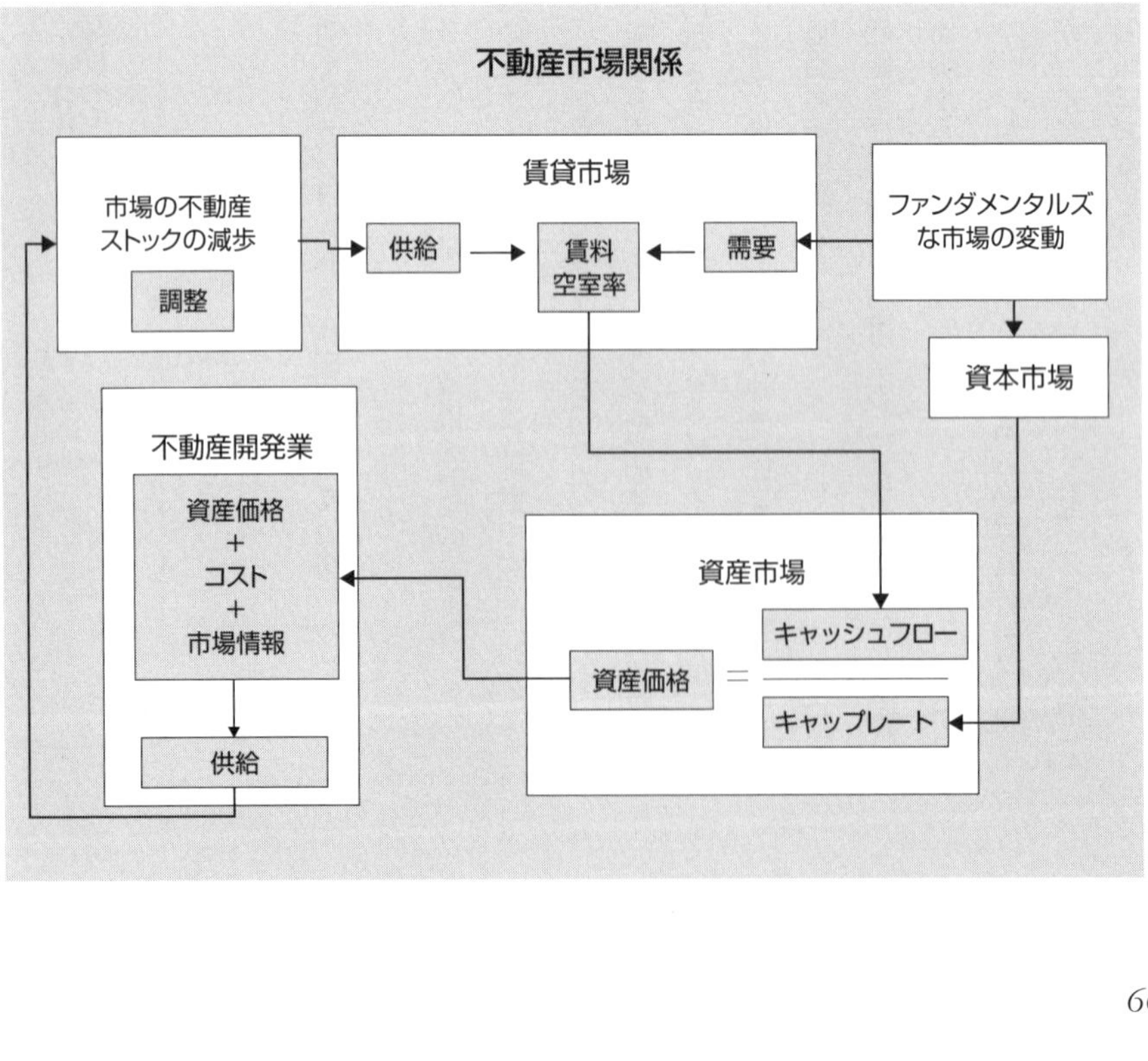

図表２－２

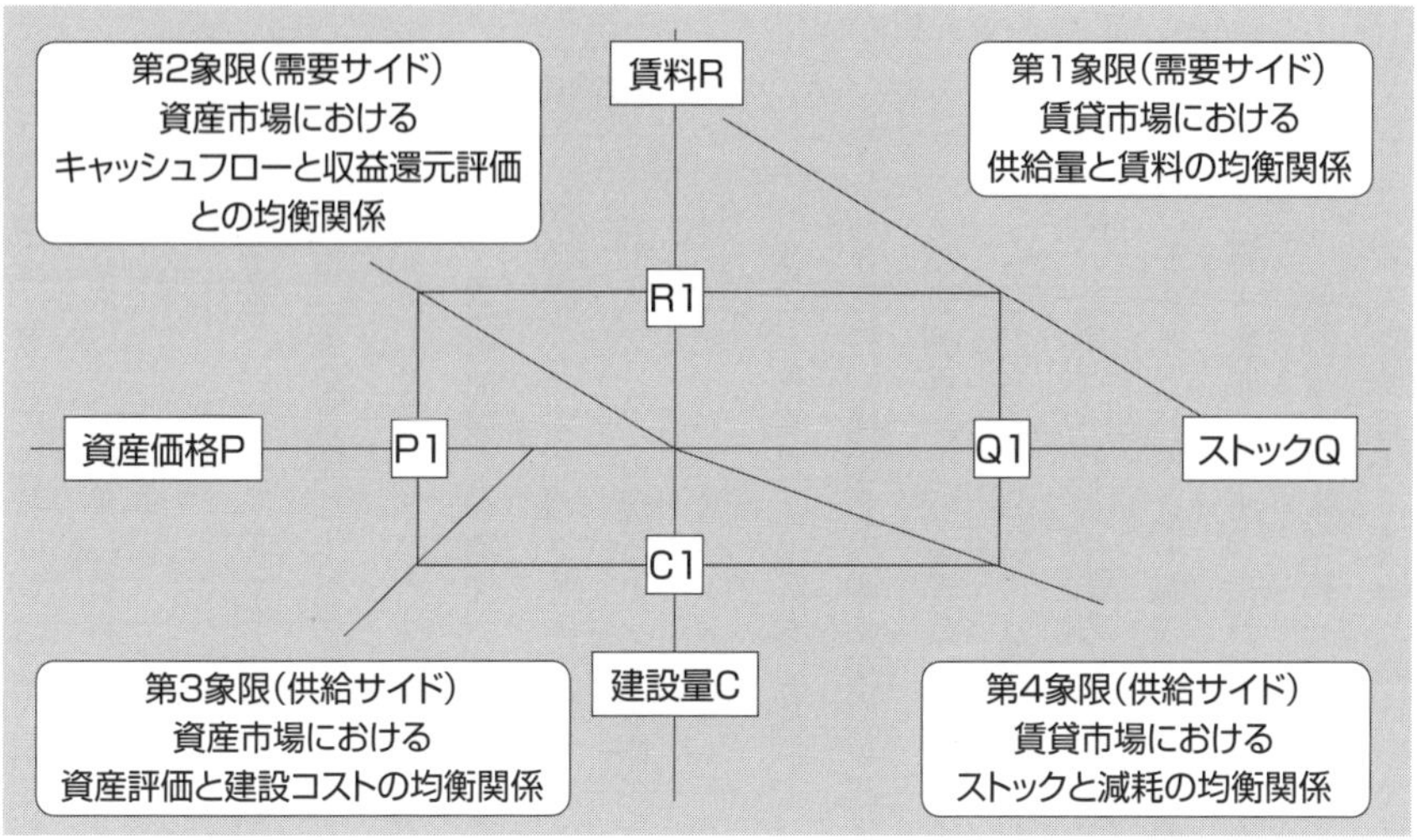
第2象限（需要サイド）
資産市場における
キャッシュフローと収益還元評価
との均衡関係
賃料R
第1象限（需要サイド）
賃貸市場における
供給量と賃料の均衡関係
R1
資産価格P
P1
Q1
ストックQ
C1
建設量C
第3象限（供給サイド）
資産市場における
資産評価と建設コストの均衡関係
第4象限（供給サイド）
賃貸市場における
ストックと減耗の均衡関係

図表２－３

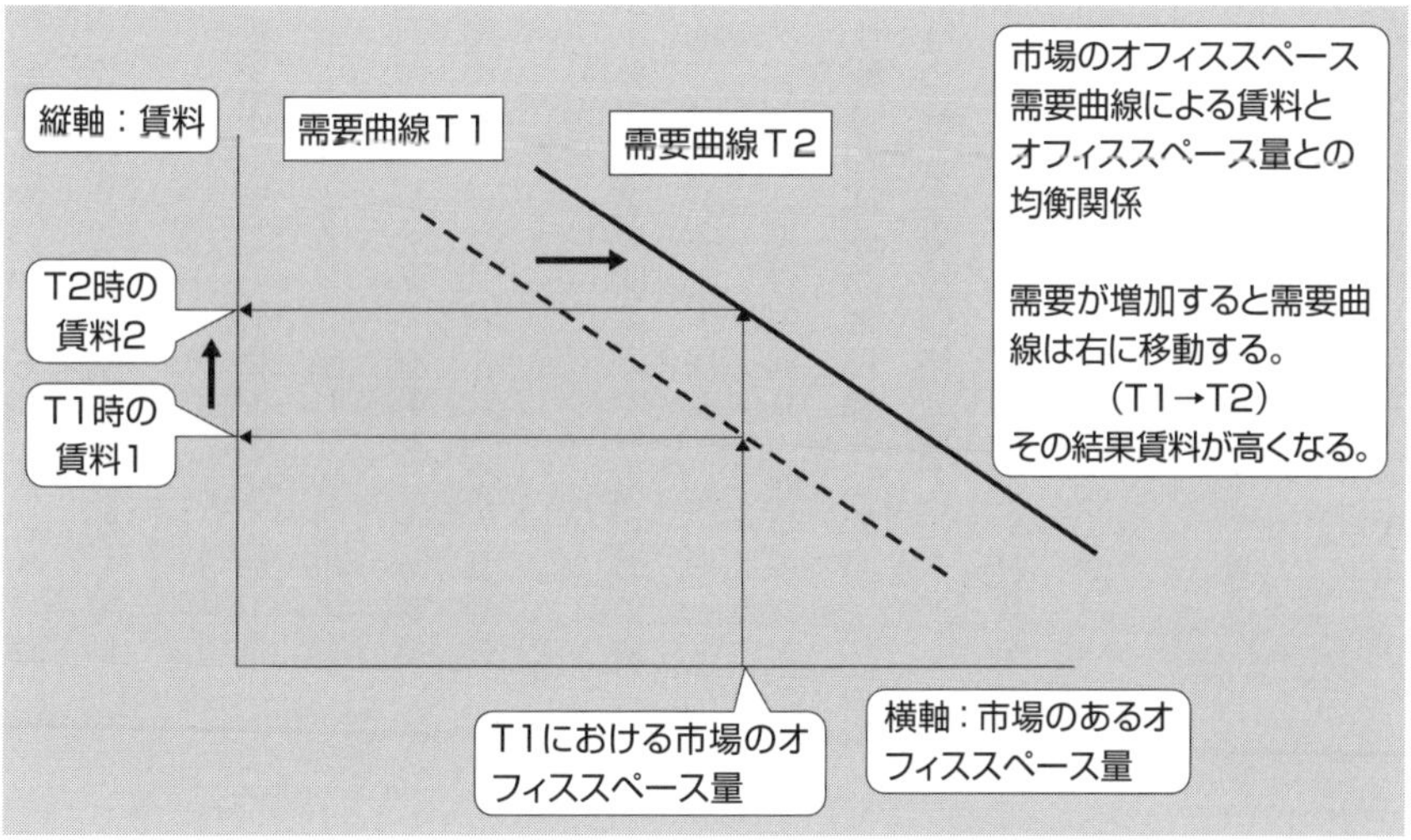
縦軸：賃料
需要曲線Ｔ１
需要曲線Ｔ２
市場のオフィススペース
需要曲線による賃料と
オフィススペース量との
均衡関係
需要が増加すると需要曲
線は右に移動する。
（T1→T2）
その結果賃料が高くなる。
T2時の
賃料2
T1時の
賃料1
T1における市場のオ
フィススペース量
横軸：市場のあるオ
フィススペース量

$$収益還元資産価格 = \frac{収益（NOI）}{\substack{キャップレート\\（投資利回り、収益率）}}$$

ると、賃料の上昇が起きる。需要増加によって需要曲線がT1からT2へ（右へ）移動して、その結果「賃料1→賃料2」となり、賃料が高くなる関係を説明している。

通常、一般商品のマクロ経済モデルでは、需要が上がると価格が上がるのではなく、生産者側は生産量を増加することによって対応する。しかし、賃貸市場では短期にオフィススペースを増加させることはできないため、価格の上昇が起きる。需要曲線上の均衡ポイントにおいて、市場のオフィススペースの量と賃料の関係が決まる市場メカニズムである。

図表2‐2に戻ると、4象限モデル上の第1象限の需要曲線上で、現在の市場にあるオフィススペースのストックから、賃料（R1）が決定される。

次に、図表2‐2の第2象限では、キャップレート（投資利回り・収益率）を傾きに持つ横軸と縦軸の交点を起点として左上がりの線が均衡関係を示す。

投資利回り・収益率は、資産から得る家賃等の収益を資産価格で還元（÷）したものである。収益には家賃等の収入を意味するグロス収益と、家賃から経費を除いたネット収益があるが、この場合はネット収益（ＮＯＩ）を使用する。キャップレートと賃料と収益還元資産価格の関係は、上記の等式で表される。

第1象限で決まった賃料（R1）水準を、この均衡線のキャップレートで還元して、収益還元資産価格（P1）が求められる。

第3象限では、横軸と縦軸の交点から少し左へずれた横軸上を起点とする左下がりの限界費用曲線によって、市場で評価される資産価格と建設量（C1）の均衡関係が求められる。第2象限で求められた収益還元資産価格（P1）が、その市場で建築するコストより高ければ、不動産開発業者は建築量を増やし、市場で売却して利益を上げることができる。つまり、供給が増え、建設量が増えることになる。反対に収益資産価格より建設コストの方が高ければ、建設量が減少する。

第4象限では、市場にあるストック量の減歩率《げんぶりつ》を表す均衡関係線で、均衡関係を表している。第3象限で決まった建設量（C1）が供給されるが、最終的に市場のストック量は、この減歩率により償却あるいは取り壊しがなされた残りとして決まる。この均衡曲線から決まるストック（Q1）が、第1象限にフィードバックされる。

このように、四つの象限にあるそれぞれの要素「賃料R、資産価格P、建設量C、オフィススペースのストックQ」を結んだ図表2 - 2上にある「Q1→R1→P1→C1」の長方形上で長期的な市場均衡値が形成される。これが4象限の市場均衡価格理論である。

この理論は、不動産価格の均衡価格を四つの均衡関係（多様性）で説明しようとするものである。第1象限と第4象限が賃貸市場であり、第2象限と第3象限が資産市場の領域となる。

ストックと賃料の均衡関係

図表2 - 3で見たように、需要曲線は、例えばオフィスワーカーが増え、スペースに対する需要が高くなると、右へ移動する。図表2 - 4のように、第1象限の需要曲線が右に移行する変動（需要増）が市場で生じたとする。それまでの市場では、賃料がR1、資産価格がP1、建設

量がC1、市場のストックがQ1の点線で均衡関係が決まっていたが、この需要量の増加によって、それぞれ均衡値が「Q1→R2→P2→C2→Q2→R3」へと移行する。

この需要量増は、短期的には市場の賃料を押し上げ（R1＜R2)、資産価格を押し上げる（P1＜P2)。そして、市場の建設量が増加し、その結果ストックが増えて賃料を下げることになる。このように、短期的にはそれぞれの要素（それぞれの象限）が新しい均衡（部分均衡）を生じることになるが、この短期的な均衡調整では、市場の四つの均衡関係が収束しない。Q2→R3となり、元の均衡関係「Q1→R1→P1→C1」のようにはつながらない。

この短期的な変動に対して、他の象限で調整が生じる。例えば賃料が上がったことに誘発されて建設コストが高くなり、第3象限の限界費用曲線が変動し、建設量を減らす圧力が生じる。このような他の要素の変動調整が誘発されて、短期的な均衡がさらに動き、新しい長期的均衡値が登場する。これが図表2-5の点線の長方形で表される均衡関係（一般均衡）である。

需要増による新しい均衡は、元の均衡の外側にできる。その結果最終的な長期均衡で決まる均衡値は、それぞれ以前の長期的均衡値R1~Q1と新しい短期的均衡値R2~Q2の中間に位置する。部分均衡とは他の諸条件が変わらずに、例えば需要だけが変動した場合の新しい短期的な均衡である。

これに対して、このような部分均衡が市場の他均衡関係において微調整が生じ、その結果として新しい一般均衡が登場する。したがってこの一般均衡は、長期的・静的な均衡となる。後述するシュンペーターの均衡概念では、安定して成長がゼロになる静的な均衡から、新しい均衡に移動する動的な均衡概念が登場する。

図表2－4

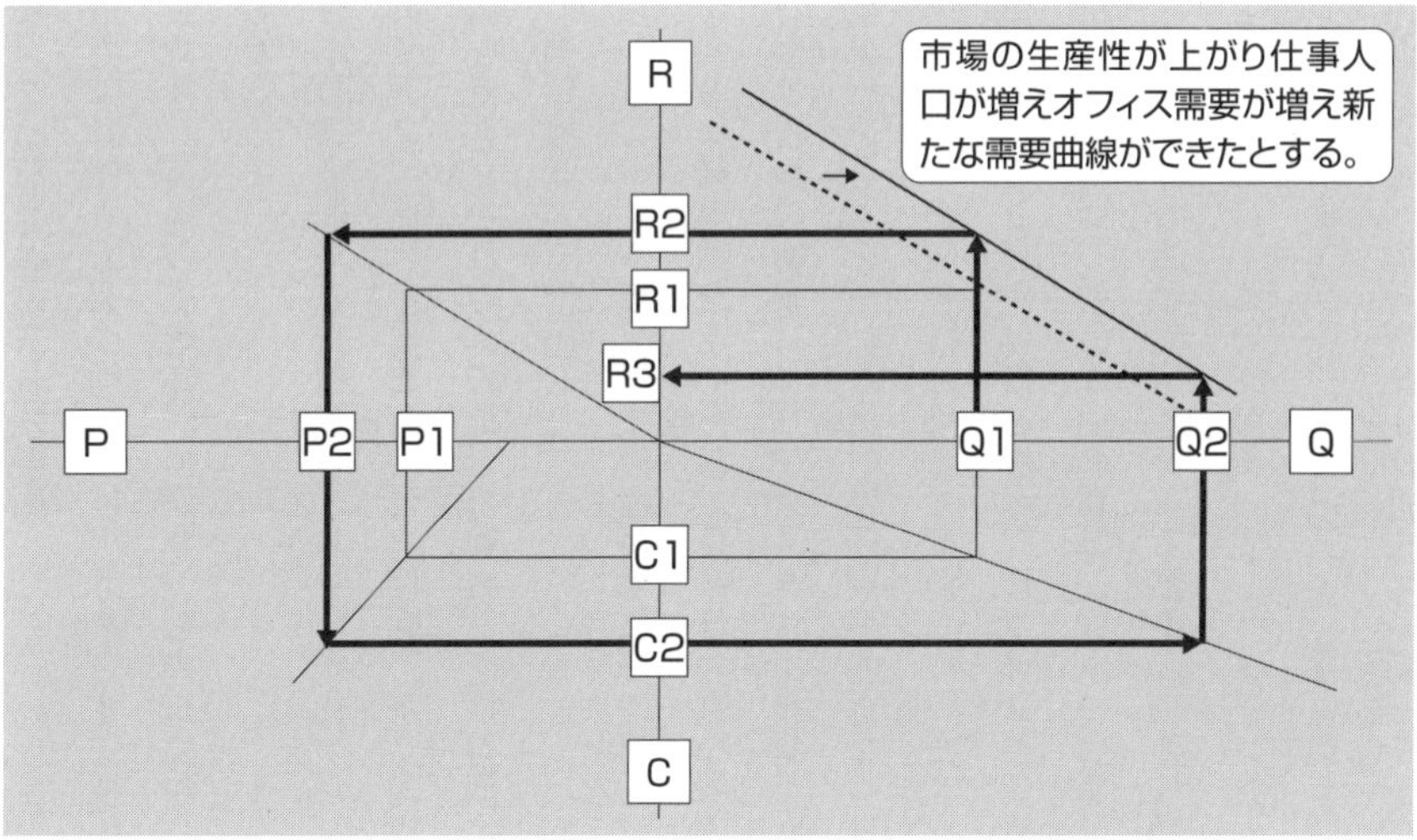
R
市場の生産性が上がり仕事人口が増えオフィス需要が増え新たな需要曲線ができたとする。
R2
R1
R3
P
P2
P1
Q1
Q2
Q
C1
C2
C

図表2－5

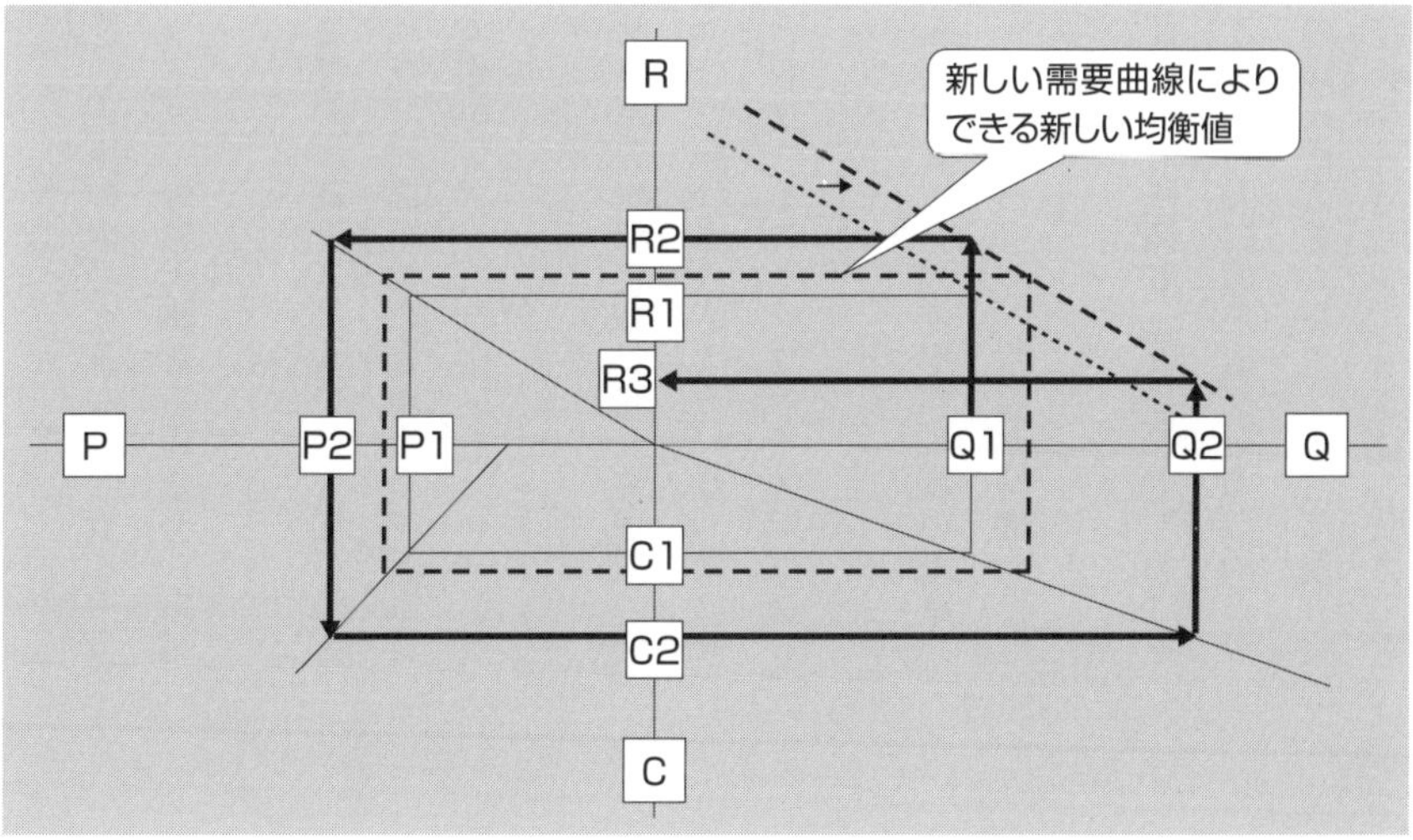
R
新しい需要曲線によりできる新しい均衡値
R2
R1
R3
P
P2
P1
Q1
Q2
Q
C1
C2
C

オフィス需要を変動させる要因

市場における需要の増加には、さまざまな要因がある。その市場の中で大きな社会資本整備等があり、市場の生産性が上がり、他の市場からオフィスワーカーの参入がある場合も、市場変動が起こる。

日本の高度経済成長期から1990年代のバブル経済期までの経済システムでは、国土均等政策の下で、社会基盤整備（公共投資）が全国均等に行われた。民間企業の資源も全国各県に支店を置き、それぞれの地方で顧客と直接対面するフェイスtoフェイスのリレーションシップ（関係協調）を構築した。

しかし、バブル経済崩壊後は市場原理の導入により、公共資源の配分及び民間経営資源の配分がともに効率性を求められ、生産性の高いセクターに集中して配分されるようになった。一方、IT技術の進歩により、カスタマーリレーションシップもフェイスtoフェイスではなく、コールセンターを通した集中管理が可能となった。

その結果、全国各県に均等に配置していた「支店」という経営資源を、効率性の良い東京に一極集中することが可能となり、オフィスワーカーの東京への集中が生じ、需要が増加した。

市場では常に、就労人口の移動が起きている。

古くは農村の農業就労者による都市部への移動である。日本の中核都市（政令都市）だけを見ても、そのほとんどが戦後一貫して人口増加してきた。これらの人口の都市部への移動の源は、「格差」である。特に賃金の格差が大きいと、都市部への流入が大きくなる。そして現在も、地方から東京への一極集中が進んでいる。そしてこの間、日本の国民所得も一貫して増加し続けてきた。

生産性の高い高額所得が得られる機会が多い方向に、人口が移動するのは経済のメカニズムでもある。その結果、市場では常に、新しい需要による均衡関係が形成される。

市場利回りの低下

次に、市場で投資利回りの低下が起きた場合を見てみる。第２象限の均衡関係線はキャップレート（投資利回り・収益率）を傾きとした線で、キャップレートが高くなれば傾きも大きくなる。

図表２-６は、第２象限の均衡曲線が市場利回りの低下によって移動する状況を表している。例えば、現在市場のキャップレートが５％であったとする。これが４％まで下がったとすると、年間のネット賃料（経費控除後の家賃）が１億円のオフィスビルの収益還元資産価格は、直接還元法で20億円（１億円÷５％）から25億円（１億円÷４％）に上がる。

その結果、前述の需要曲線の変動と同様に、それまでの長期均衡P1～R1が短期的にP2～R2へと移行する。しかし、この部分均衡では収束せず、短期的な調整を繰り返し、やがて新しい長期的な均衡関係（図表２-６では点線の長方形）が生まれる。新しい長期均衡では、資産価格P、建設量C、市場の在庫量Qが増え、賃料Rが下がる。長方形は下にずれて、当初より大きくなる。このように賃料が下がり、他の要素が拡大することがキャップレート低下時における重要なポイントとなる。

キャップレートの変動要因

市場のキャップレートの変動は、投資環境が加熱して市場で過剰投資が進むと、利回りの低下が起きる。投資は、市場にある投資効率が良い案件（リスクが低く利回りが高いもの）に投資される。しかし、投資が進むと、やがて市場に投資効率が良いものがなくなる。それでも投資を進めようとすると、それ以下の投資効率の案件に投資を進めることになるが、それは投資利回りの低下を意味する。

しかし、投資する資金には調達コストがある。自己資金であれば資本コスト、借入資金であれば支払金利である。これらの調達総コストを超えてまで投資が進むことはない。なぜなら、この調達コストと投資の結果得る収入とのギャップが、実際の投資収益になるからである。このとき市場金利が低かったり、市場のマネーサプライが潤沢にあったりすると、調達コストが非常に低いレベルまで下がり、投資利回りが低い案件にまで投資が拡大する。やがてこれが過剰投資となり、調整局面になると、不良債権を

図表2－6

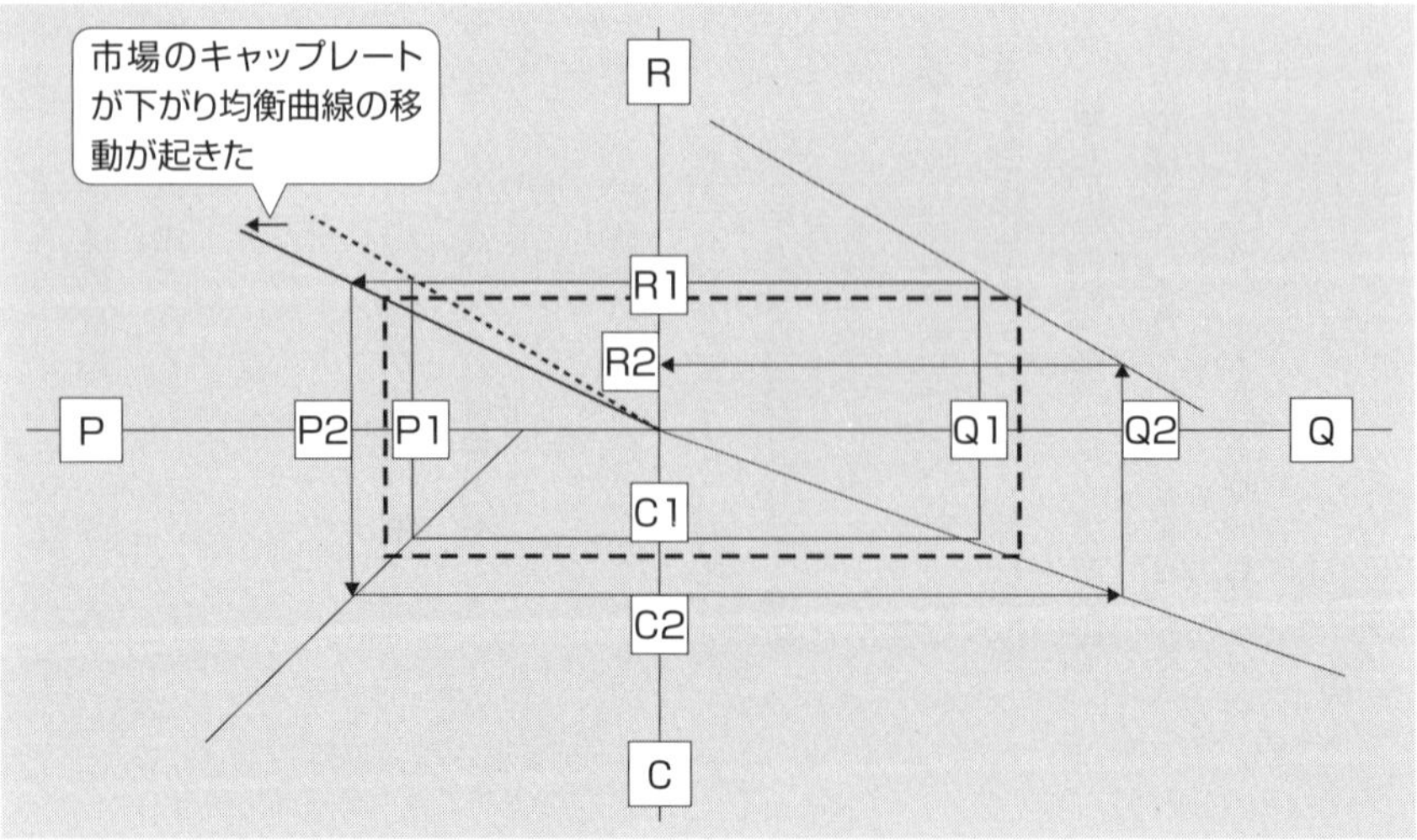

生み出す元となる。この調達コストについては第3章で説明するが、フリーリスクレートとプレミアムリスクレートで説明される。

つまり、このいずれかあるいは両方が低いときに、過剰投資が生じるわけだ。

建設コストの高騰

第3象限の均衡関係線は、建築コストの長期限界費用を示している。この直線は、限界費用が高くなると、傾きが横軸に接近する。この均衡関係線上で、第２象限で決まった資産の収益還元価格と、市場に供給される建設量が決まる。

次ページの図表２‐７のように、建築コストが高騰し限界費用曲線が横軸に接近すると、第２象限で決まった市場価格P1に対して利益を上げられなくなり、建築量をC1からC2へ減らすことになる。以下、同様にQ1～P1から部分的な均衡Q2～P2となる。それでも収束せず、微調整を繰り返し、やがて長期的な新しい均衡関係が登場する。

この新しい長期均衡は、以前の均衡より、第２象限側（左上）へ移動した長方形の形状（図表２‐７では点線の長方形）になる。したがって賃料と資産価格が上昇し、建築量と市場のストック量が減る結果になる。建設コストの変動は物価の変動を意味するが、物価の変動は今後の少子高齢化社会における労働人口の減少等の影響を受けても変動する。その一方で、建築業界の技術革新により生産性が向上すると、建設コストが下がる。また、物価の変動だけでなく、消費税率の変動あるいは構造計算偽装問題等のリスクが市場で顕在化すると、新たなコストの上昇ともなる。

市場のストック減歩率の拡大

市場のオフィススペース等のストックの減歩率は、建物の老朽化による自然消耗、地震災害等のイレギュラーなストックの減少、建築構造・デザイン・設備に対する市場ニーズの変化により、価値が劣下等して変化する。

図表２－８のように減歩率が大きくなると、第４象限の均衡曲線の傾きが縦軸に近づく。その結果、短期的に新たな部分均衡値Q2~C2が市場に登場する。しかし他の象限と同じように、これらの均衡値では収束せず、さらに調整を繰り返し、長期的に新たな均衡関係（点線の長方形）が登場する。この新しい長期均衡では市場のストックが減り、他の要素である賃料、資産の市場価格、建設量が増える。長方形が左に移動して大きくなる。

この象限で説明される減歩率は、現在の市場では、投資の意思決定にそれほど大きな影響を与える要素とはみなされていない。

現在、日本の大都市の賃貸マンション市場にオ

図表２－７

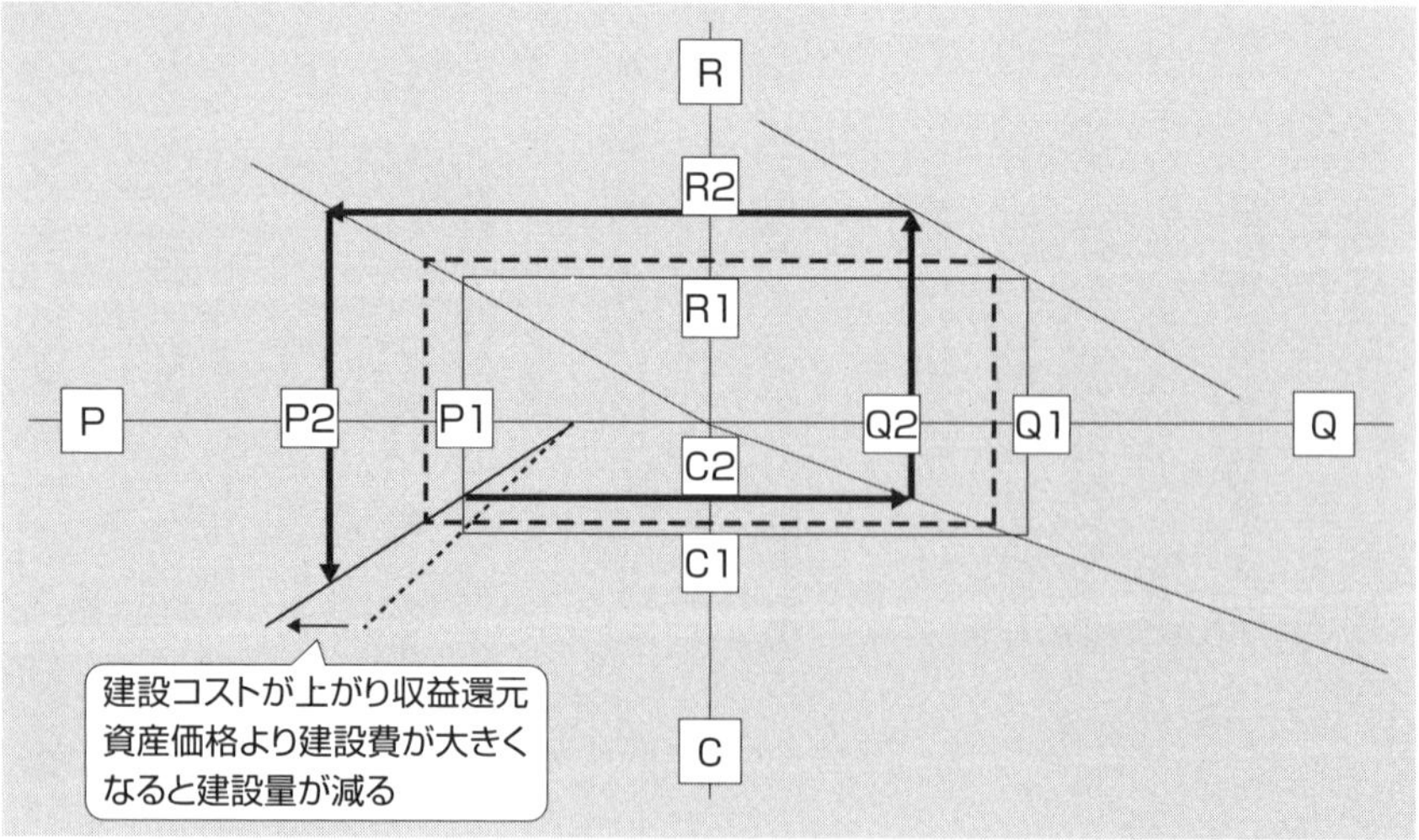

ファー（売り）されている物件のほとんどが、築30年以内のものである。「賃貸マンション」というビジネスモデルが、それまでの長屋、借家等のビジネスモデルに取って代わったのは、1970年代に入ってからと考えられる。賃貸マンション市場においては、東京都内の市場で築22年以内、大阪市内の市場では築21年以内、名古屋市内の市場で築20年以内の物件が、全体の8割を占めている（2005年調査時点）。

賃貸マンション市場に限っていえば、未だ市場ストックの本格的な償却は始まっておらず、一方的に供給がなされている状況にあると考えられる。しかし、今後さらに供給が増え、少子高齢化社会が進行すると、急速に市場ストックの償却が増えることが予測される。また、耐震性・耐火性不足あるいはアスベスト等、既存の建築を否定する要因が出てくると、この減歩率に大きな影響を与える。

オフィスビルから住居マンションへのコンバージョン等の技術革新の登場も、大きな影響を与える

図表2－8

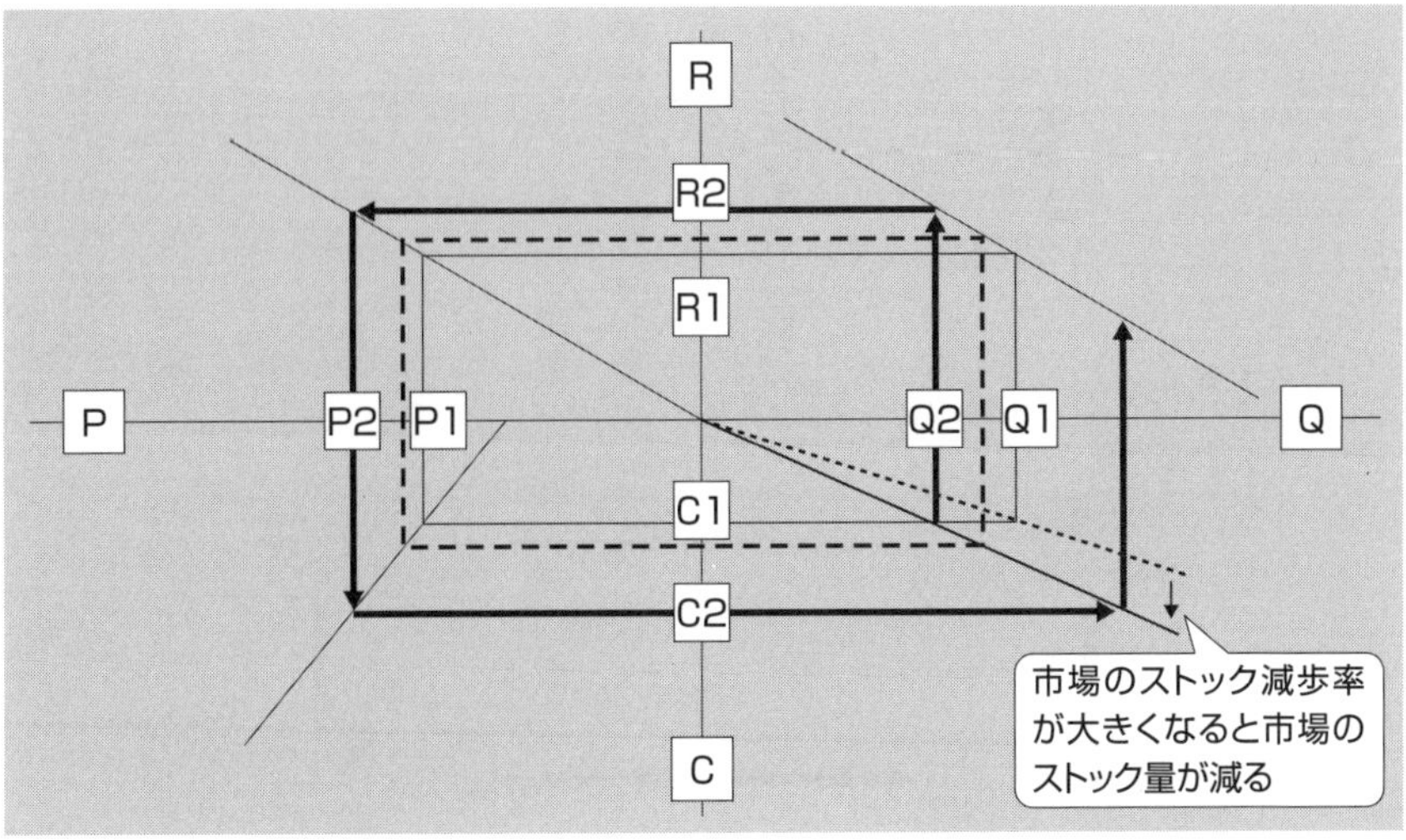

ものと考えられる。オフィスビルにおいては、特に東京で行われていた品川、汐留といった新しいエリア開発が旧国鉄の遊休地開発による新規供給であったのが、国際金融センターの開発構想、霞ヶ関の再開発等はいずれも「再」開発である。オフィスビルにおいても今後、減歩率が大きな影響を与えると考えられる。

以上が4象限の均衡価格理論である。

この均衡理論では、市場において、ある要素の変動が生じると、新しい短期的な部分均衡が生じる。しかし、その均衡値では、市場の均衡関係が収束しない。そのためさらに調整が繰り返され、長期的な均衡関係が新たに生じる。この長期的な均衡関係は、変化する前の最初の均衡関係と短期的な均衡値の間に位置するという特徴がある。

資本主義経済では景気循環が生じる。不動産市場においても、図表2-9のような景気循環が起きる。均衡は、このようなダイナミックな変動を通じて形成されていくのである。

4象限均衡理論では説明のつかない特異な市場メカニズム

オフィススペースの新規供給が、需要を誘引する場合がある。

特に都心部では、新規供給なしに新規需要の喚起は期待できない。4象限の

図表2－9

均衡メカニズムでは、オフィススペースの供給が起きると賃料が下がる。これは一般的にも理解されやすいだろう。しかし都心部の市場では、オフィススペースの供給が増加すると、同時に需要も増加することがある。さらに、賃料が上がるときは必ず新たな供給が起きて、より賃料が上昇するという機能が働く。

マーケティングの観点から説明すると、空室率が一定で非常に安定している市場は、悪くいうとダイナミズム（力強い変革創造の力）がなく、新規事業の参入を誘引するような魅力がない場合が多い。

大きな空室が頻繁に生じる場合、例えば企業の移転が激しい場合などは、移転に伴い常に何らかの再投資・改修がなされ、常に建物が更新され、さらに激しい入居競争が行われる。

このように、常に活性化している市場とそうでない市場では、さまざまな事業の「参入したい」というモチベーションがまったく異なる。

また、新規オフィススペースの供給増が起きる場合は、既存のものと同じ技術水準、同じレベルの価値、魅力のオフィススペースではなく、当然差別化された、従来に比べて革新的な商品が供給される。

このような商品は、当然、将来の新しい市場ニーズに対応して開発される。したがって、そのような市場ニーズに応えた形でオフィススペースが供給されれば、それによって新規需要が喚起される。市場の現場では、需要が非常に強いエリアで新規Aクラスのビルが供給されると、地価が上がるという方程式がある。最近では、構想段階の「期待」だけで、すでに地価が上昇するなど、不動産投資市場の特異な現象がある。

規制緩和による賃料上昇

市場には、4象限の均衡価格メカニズムを機能させない、いくつものバイアス（偏向）がある。

例えば、容積率制限等の規制である。

容積率は、土地の利用度を制限する規制である。通常これが緩和されてオフィススペースが供給されると、当然賃料が下がるというのが一般的な考え方である。

ところが、都心部等の容積率の実効性が高いところでは、容積率の規制が緩和され新規オフィススペースが供給されると、逆に賃料が上がることがある。

分かりやすく説明すると、本当はオフィスを拡張したいにもかかわらず、容積率の制限の限界まで使っているため、これ以上拡張ができず、不自由を強いられている状況があるとする。このようなエリアで、規制緩和によって新規オフィススペースが供給されると、労働者装備率が上がり、労働生産性が上がる。労働生産性の上昇は賃金を上昇させ、それはやがてその市場自体の生産性の向上につながり、他の市場との間に生産性の格差が生じる。

その結果、労働力の新たな参入を招き、それが新規需要を創出し、需要増による賃料の上昇を招くことになる。

このようなメカニズムは、学術的にも実証検証されている（研究論文「都心における容積率緩和の労働生産性上昇効果」（八田・唐渡、２００１）。この論文では、東京丸の内等がこのような特異なメカニズムを持つとしている）。ただしこの現象は、マーケティングのメカニズムであるがゆえに流入した分、周辺都市への流出を作り出すことになる。「人口動態で地価が説明できる」というアナリストもいるくらいである。

オフィススペースの供給増が引き起こす賃料上昇

さてもう一つ、オフィススペースの新規供給増が、賃料の上昇を伴う現象がある。日本では借地借家法があるため、市場にあっても、賃料という価格に弾力性がない。特に1990年代のバブル経済の破綻において、市場の加熱から過剰投資（オーバービルディング）が生じた時、大家の多くが賃料の引下げを実施しなかった。空き募集の賃料を下げることによって、既存のテナント賃料の減額請求権が生じるのを嫌ったためである。しかし結果的に、それが市場全体の収益性の劣下を招いてしまった。新しい技術、差別化された商品の供給を通じてしか、価格を引き上げることができなかったのだ。

つまり、新築募集を通してはじめて新しい価格をオファー（市場への募集価格提示）できたわけである。新規供給が多いエリアでは地価が非常に敏感になるが、逆にファンダメンタルズの成長があっても新規供給のビルがないと、地価は反応しにくいという、特異なメカニズムを不動産投資市場は持つ。

均衡を求めるモデルを理解する上で、非常に重要になるポイントは前提条件である。

上記の二事例では、オフィススペースの供給に「容積率の制限」という供給の限界が前提となり、「賃料の上昇・下落を制限する規制」が前提であり、さらにマーケットの技術進化がある場合である。純粋な4象限均衡モデルでは、このような制限がないマクロな市場を前提としている。

古典派経済学が唱える「小さな政府」

近代経済学の巨匠J・M・ケインズ（1883‐1946）は、古典派経済学を批判し、新しい一般均衡理論を世に表した。

18世紀後半から19世紀前半における古典派経済学の考え方は、たとえ市場経済で商品が過剰になっても、「売れるところまで価格が下がるから売れ残りは生じない」という市場メカニズムの価格調整機能を重視していた。同じように労働市場においても失業者（非自発的）がなくなるまで賃金が下がるため、やがて失業者はなくなると主張した。

したがって経済は、市場のメカニズムに任せておけばよく、政府は市場に介入すべきではないという考え方をとっていた。「小さな政府」による理論武装である。市場の価格調整機能を保障する自由な競争（独占等の排除）、小さな政府、常に均衡を保つ財政収支、これらを実践する自由主義と対外的な保護貿易、これがケインズの登場を機に区別されることとなる古典派経済学の経済政策であった。

ケインズの登場は、1930年代にアメリカで大恐慌が起き、古典派経済学の考えに基づいて市場に任せておいても失業者が減らず、古典派経済学の理論ではむしろ拡大するという問題に直面した時期であった。

この問題に対する新しい経済政策理論として、ケインズは、アメリカの大恐慌脱出から第2次世界大戦後のアメリカ、1960年代の繁栄の時代までの経済政策を支えた、新しい一般均衡理論「雇用・利子及び貨幣の一般理論」（1936）を打ち出した。

価格調整が機能しない状況

図表２‐10は、労働市場の需要供給曲線による均衡関係を表している。通常の需要曲線ＤＤは右下がりであり、供給曲線ＳＳが右上がりとなる。古典派経済学の考え方では、需要が低ければ賃金率が下がるという、市場に価格調整機能が存在し、需要と供給の均衡が市場で生じ、賃金率w1で雇用量p1が決まる。

ところが、労働組合が高い賃金を要求する等、何らかの理由で賃金率がw2で決まり賃金率が下がらないと、市場の需要雇用量はＤＤ曲線からp2で決まり、市場の供給雇用量はp3になる。「p2＜p3」となり、p3からp2をマイナスした分の失業者が生じる。労働組合等の存在が賃金率を高止まりさせる要因となり、失業が生じるというのが古典派経済学の考え方であった。

しかし現実には、賃金は高止まりするのではなく、下がっているにもかかわらず失業が

図表２−10

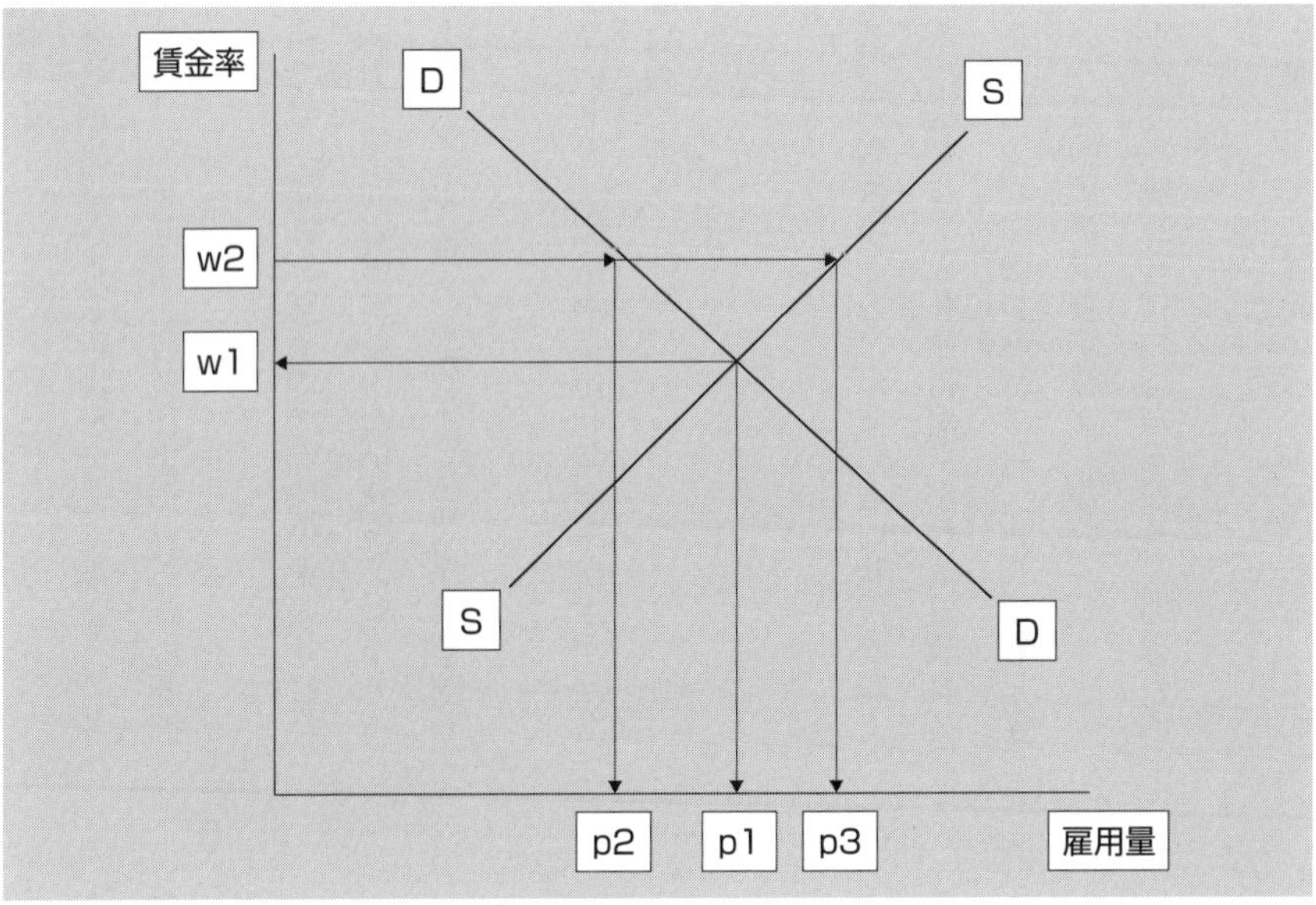

増えるという当時の経済状況の矛盾をケインズは指摘した。

例えば建設市場において、談合のない入札による価格が決定される市場を考えてみよう。各建設企業は技術を競い、採算ラインから収益を確保した、つまり適正収益に裏づけられた範囲で応札（プライシング）する。

しかし今の日本では、現実に非常に低い価格で応札して、採算を割ってでも仕事を取りに行くケースが起きている。これは市場にその建設生産能力を下回る需要しかない状況、つまり市場に建設業者が多く存在して、彼らが望む取引量以下のビジネス機会しかないため、採算を割ったような応札価格が登場する。

つまり、市場において供給能力を下回る需要しかないとき、価格が下がり賃金率が下がったとしても、それが新たな需要の創造にはつながらないのである。

ケインズが指摘した矛盾

賃金率（コスト）が下がったまま、なおかつ、業者（過剰供給能力）が減らない状況が続く。確かに市場の生産能力と需要が一致して均衡している市場では、入札価格が下がれば建設コストが下がり、需要が増えるだろう。しかし供給能力より需要が少ない状況では、古典派経済学が言うような、価格が下がりやがて需要が増えるという自動価格調整が機能しない。

ケインズはこの矛盾を、古典派経済学の需要（右下がり）曲線と供給（左下がり）曲線の前提を否定することで説明した。

需要曲線とは、労働力の投入と、その労働からの生産結果との関係を示すものである。１人の労働者の労働時間を追加的に増やしていくと、最初の1時間は非常に良く働くが、時間を増やすたびに疲労が蓄積し、次第に効率が悪くなり、生産力が逓減していく。労働力を一単位ずつ増やしていくことによって得る生産力、いわゆる限界労働生産性は低下していく。したがって需要曲線は図表2‐10のように「右下がり（DD）」となる。

これに対して供給曲線は、生産に従事することによってこうむる疲労の対価としての賃金の量を示している。労働者の仕事にとりかかった初期の生産による疲労と、生産が大きく増えた時点でさらに追加した生産による疲労は、同じ生産量であっても、追加した生産による疲労の方が大きい。定時内の仕事による疲労より、深夜に及ぶ残業の方が疲労は激しく、高い賃金が要求される。疲労は労働を追加するごとに、逓増的に増えていくと考えられる。疲労に対する対価が賃金であるとすると、生産による疲労が増加するに従って高い賃金を要求し、労働の限界不効用は逓増していく。したがって供給曲線は図表2‐10のような「右上がり（SS）」になると古典派経済学では考えられた。

しかしケインズは、確かに企業が生産を増やすとき、雇用者1人の労働時間を追加的に増やし続ける方法をとると、生産性が悪くなり賃金コストが高くなるが、企業が生産を増やすとき、1人の労働者の効用時間を増やすのではなく、もし市場に労働者が余っているのならば、その余っている同等の労働者を新たに雇い入れて、常に新鮮な疲労のない労働者を使おうとするはずであると考えた。

このように市場に余っている労働者を使えば、労働の限界不効率は増加せず、結果的に賃金も増えない。そして、市場に余っている労働者がいなくなるまで続けられる。その間、賃金率は一定となる。図表2‐11のSS屈折曲線のS‐S*までがこれである。

「大きな政府」の登場

市場に需要を超える労働者の供給が存在し、余剰を生じているとき、生産を増やしても新規労働者を雇い入れるため、賃金が上がらない。やがて余剰の労働者がいなくなり、完全雇用の状況になったとき、さらに生産を増やそうとすると、従業員の労働時間を増やし賃金が上昇する中で、生産を進めなくてはならなくなる。

市場の労働者が余剰状態にある間は、供給曲線SS*は一定であり、完全雇用になった時点S*以降は右上がりになると、ケインズは説明した。市場に余剰労働者が存在する状況（p1）では、雇用量が増えても減っても賃金率は変わらないが、完全雇用が達成されている p3では、雇用量が増えれば賃金が上昇する

図表2－11

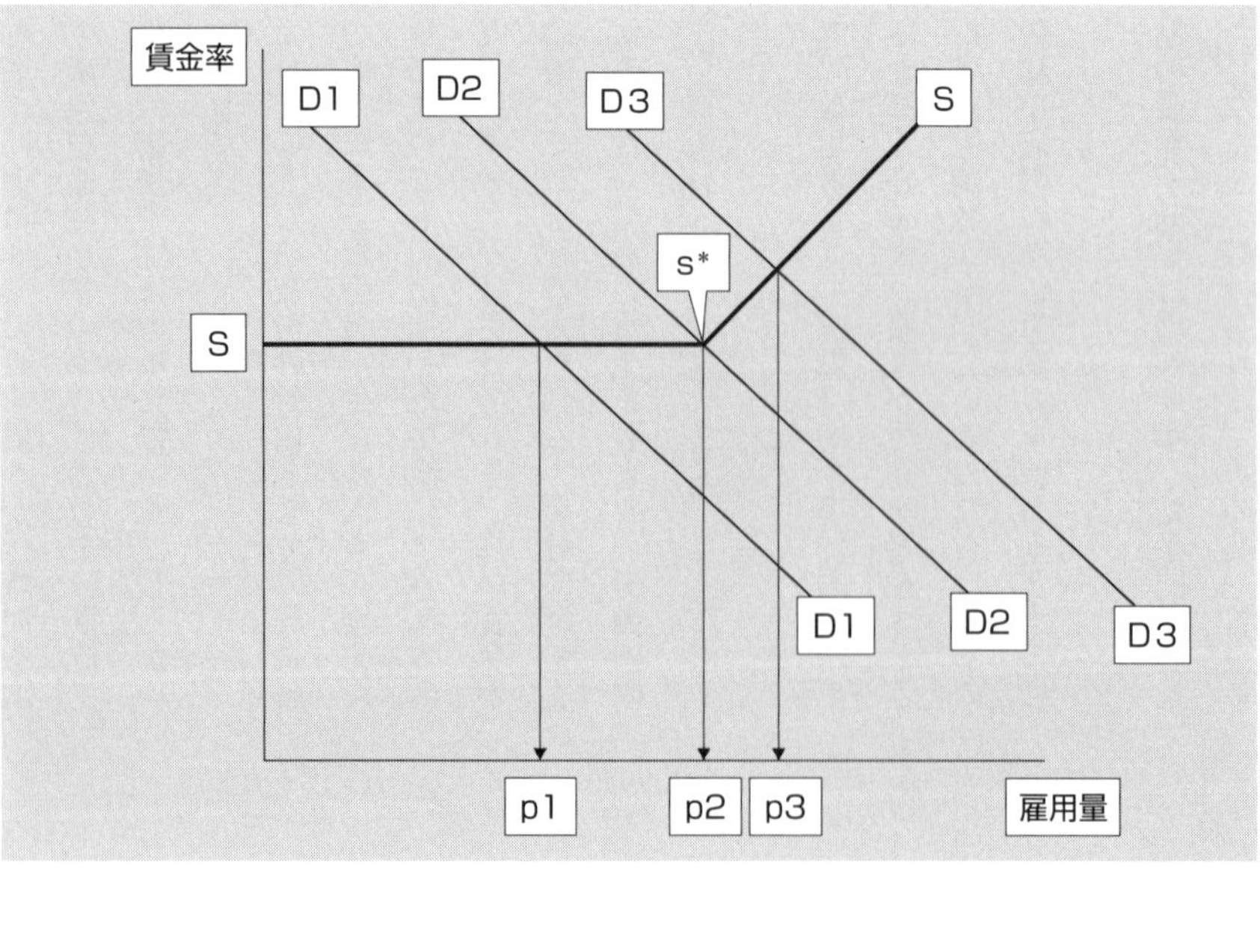

市場の価格調整機能が働く。

したがって、市場において古典派経済学の主張するような価格調整機能が働くためには、市場の生産能力を下回る需要に対して、政府が政府支出を通じて有効な需要を市場に作り出し、完全雇用の状況下を作り出す必要がある。これがケインズの「有効需要」の考えである。有効需要とは、日本では一般的に公共事業を意味する。

古典派経済学が主張する労働市場の均衡は、完全雇用状態下での「部分的」な均衡である。これに対してケインズの均衡理論は、完全雇用時だけでなく他の局面も含めた「一般」における均衡理論である。

ケインズの登場以降、それまでの経済理論は「古典派」経済理論と呼ばれ、ケインズ派経済理論と区別されるようになった。ケインズ派経済理論による有効需要による市場を均衡にさせる経済政策は、市場経済に積極的に政府が関与する「大きな政府」の時代を作り出すことになる。

3　ファイナンスの均衡理論

不動産投資の基礎となったファイナンス理論

現代ファイナンス理論は、1960年代のハリー・マコーウィッツによるモダンポートフォリオ理論（MPT）の登場から始まる。

マコーウィッツはその後の1990年にノーベル経済学賞を受賞している。ノーベル賞は通常、スウェーデン王立科学アカデミーの審査を経て決定されるが、経済学賞は他のノーベル賞と違って、スウェーデン中央銀行が1969年に設立した記念経済学賞である。その受賞の対象となった多くは、経済理論・政策論が中心であったが、1990年にファイナンス部門からの受賞者が出た。

マコーウィッツのファイナンス理論は金融証券投資におけるリスク分散だけでなく、そのオルタナティブ（代替）投資と位置づけられる商品投資、不動産投資等アセットクラスの分散投資の元となった根本的な理論である。卵を一つのカゴに入れて運ぶより、いくつかのカゴに分けて運んだ方が、落とした時の破損するリスクが少ない。金融工学の歴史の出発点が、この分散によるリスク低減にある。

MPT・CAPMがアメリカで生まれた時代背景

この理論及び、リスク分散概念を具体的に実用化させた後述の資本資産価格モデル（CAPM）が、ノーベル賞を受賞するに至るまでの時代背景をまず確認しよう。

１９３０年代の大恐慌を乗り越え、第２次世界大戦後を勝利で終えたアメリカは、１９５０年代の大復興期に入る。そもそもアメリカは、この大戦を通じて、世界で最も戦災が少なく、超債権国となった。〝パックス・アメリカーナ〟と呼ばれる繁栄の幕開けとなり、自信にあふれた富国増進、ベビーブームによる人口増、大量消費等を通じて堅調な経済成長を実現した時代であった。

その一方で、１９５０年代から拡大し続けた企業年金が、１９７０年代に入りオイルショックや海外との関係におけるリスク等、さまざまな問題の顕在化とともに、企業の倒産、年金制度の運用失敗が多発し、中途脱退者の増加、年金受給権が得られない人々が増える等の問題が社会問題化した。

アメリカでは従来から、年金の運用は個々の自己責任で運用されていた。しかし、これらの運用には明確な指針がなく、リスク回避の概念も定着していなかった。そこで、１９７４年にエリサ法（Employee Retirement Income Security Act 1974）が定められ、分散投資を義務づけるプルーデント（Prudent：慎重）マンルールが明確化された。

このような分散投資に対する市場ニーズに応えたのが、１９６０年代に理論化されたマコーウィッツのモダンポートフォリオ理論である。

ちなみに、近年の日本の個人投資を保護する金融サービス関連の法律も、このエリサ法のあり方が参考となっている。

その後、具体的に分散投資のニーズに応えるべき、インデックス投資という金融商品の実用化を可能ならしめたのが、ウイリアム・シャープ（同1990年ノーベル経済学賞受賞）等のCAPM（Capital Asset Prices Model：キャップエム）である。CAPMの詳しい仕組みはファイナンスの専門書に譲るとして、まずはその等式を見てみよう。

超過するリスクが要求するリターン

リスク資産の期待収益率は、リスクのない資産の収益率（リスクフリーレート）を超過するリスクに相当するリターン（リスクプレミアム）を要求する。つまり、期待収益率はリスクフリーレートとリスクプレミアムレートに分けられる。

期待収益率 ＝ リスクフリーレート ＋ リスクプレミアムレート

2006年以降、アメリカでは住宅バブルの崩壊リスクが市場で急速に広まった。そして2007年になり、サブプライム住宅ローン市場で大量の破綻を生じることになった。

サブプライム住宅ローンとは、住宅購入者に対するローンにおいてプライム（優遇）貸出レートを適用できない、実績のない新規融資申込者・低所得者に対するサブ（下位）貸出レート適用のローンである。

このローン債券をプールして証券化したものへ、ヘッジファンド等ハイリスク・ハイリターンを志向する投資家が資金を投入し、高い利益を実現していた。市場におけるこの金融商品の破綻が顕在化したことによって、サブプライム住宅ローンはさらに高く、11％台にまで跳ね上がった。これは米国の10年もの国債がこの時４・７％前後であったのに対して、７％も超過することになる。

サブプライム住宅ローンのようにリスクが高い商品に対して、市場が要求する期待収益率はリスクフリーレート４・７％にリスクプレミアムレート７％以上が要求される。このリスクプレミアムを等式に表したものが、次のＣＡＰＭの等式である。

リスク資産の期待収益率$\mathrm{E}(R_P) = R_F + [\mathrm{E}(R_M) - R_F]\beta$

市場の平均的な収益率$\mathrm{E}(R_M)$から、リスクのない資産の収益率R_Fを除いた分、これは無リスク資産の収益率を超過した市場の平均的な収益の部分を意味するが、この超過市場平均収益$[\mathrm{E}(R_M) - R_F]$にそれぞれのリスク資産の固有のリスク係数（ベータ：β）を掛けることによって、そのリスク資産に要求される期待収益率$\mathrm{E}(R_P)$を求めるモデル式である。

ＣＡＰＭ理論に基づいた投資判断

市場にあるリスク資産は、それぞれ違ったリスクを持っており、大きいものもあれば小さいものもある。そこでまず、その市場自体のリスク一単位当たりのリターンを求め、このリターンに個々の資産のリスク係数を掛け合わせることによって、その資産の収益率を求めることとする。

このリスク資産を株式に例をとって説明すると、まず、東証一部の株式上場市場の平均的な収益がある。そして各株式銘柄のリスク度であるβ値が東京証券取引所から公表されている。このβ値は、市場の平均収益が一単位変動すると、その個別銘柄がどれだけ変動するかというリスク感応度である。リスクフリーとは、前述のサブプライムレートの例のように、通常10年もの国債の利回りを指す。

例えば、三菱地所の株式収益率を求める場合、東証一部全体の平均的な株式収益率を3・5％とする。リスクフリーレートを1・5％、三菱地所のβ値を1・5とすると、三菱地所の期待収益率は

1・5％＋（3・5％－1・5％）×1・5（β値）＝4・5％

となる。これが三菱地所の市場の均衡価格（収益率）になる。

そこで、現在の三菱地所の株価がこの収益率より安ければ買い、高ければ売るというファイナンスイベントの意思決定を行う。三菱地所よりさらにリスクの高い企業の銘柄株で、β値が3であると、その銘柄はさらに高い期待収益率を要求する（1・5％＋（3・5％－1・5％）×3＝7・5％）。

このファイナンス理論は、市場の均衡値を求める理論である。通常の実務では、リスクが高い資産にはより高い期待利回りを要求し、リスクの低い資産には低い期待利回りを要求する。投資市場で当たり前のように使われるこのリスク・アンド・リターンの概念は、このCAPMの均衡価格モデルによるものである。

このように、CAPM等のファイナンス理論モデルが求めるリスク資産の評価額あるいは評価収益は、市場における均衡値を求めるものである。この均衡値より、現在の市場価格あるい

は自分のポジションの価格が高いか低いかを比較しながら、売（ショート）買（ロング）ポジションをとり、利ざやを稼ぐ戦略が投資戦略となる。

このＣＡＰＭの均衡価格を不動産投資で直接利用できるのは、ＲＥＩＴ市場と株式市場の不動産企業の銘柄である。しかし、このリスクの対価としてみる収益率の均衡価格理論の考え方は、不動産投資を実践する本質的な部分でさまざまなツールとして使える。

ＲＥＩＴ市場の他の株式市場に対するβ値は、アメリカで一般的（サブプライム問題などがない状況）に０・５と、１以下の値がよくいわれている。「１以下」ということは、他の株式が一単位変動しても、ＲＥＩＴ株がその変動以下の変動しかしないということを意味する。日本ではまだ創設して歴史が浅いが、Ｊ‐ＲＥＩＴのβ値は、それ以下の低い値であるという報告書を最近よく見かける。不動産投資はインフレに強い、株式投資に対するリスク分散としてのオルタナティブ（代替）投資に適しているといわれる所以がここにあるわけだ。

ちなみに前述したように、サブプライム住宅ローン問題では、破綻危機に直面して格付けが一気に下がり、サブプライムの金利が11％以上に高騰した。リスクが高すぎるとして、この商品への投資がなくなり、今までこの商品に投資していた資金が一斉にリスクのない米長期国債に向き始めた。その結果、それまで４％台であった長期国債が５％台に急上昇した。

つまり、市場でリスクが急に高まると、資金がリスクフリーな商品（国債）に逃避するという市場メカニズムを説明しているのだ。日本でもデフレ経済において市場に多くのリスクが顕在化し始めた時、中小の投資家（地銀、個人）が一斉に国債を購入し始めた。

市場の期待収益率（＝要求収益率）が高まった、あるいは何らかの理由で反対に下がったとき、リスクフリーレートが高いのか低いのか、リスクプレミアムが高いのか低いのか、あるいはリスクフリー⇕リスクプレミアム間で移動が起きているのかを考える必要がある。

このようなリスク評価から市場での均衡価格を評価しようとするのが、CAPMの特徴である。

1960年代登場したモダンポートフォリオ理論、CAPM、その後のデリバティブ（金融派生商品）の開発に大きく貢献したモデルは、いずれも市場での均衡（収束）価格を求めるものであった。

このような理論を使ってさまざまなビジネスモデルを開発し、市場で独自の均衡値を求め、それに基づいて果敢にリスクポジションをとっていく。「均衡値を求める」ということが、「リスクを評価する」ことを意味する。これが現在の不動産に限らず投資ビジネスのスタイルである。

ちなみに、このような均衡値をまったく想定せず、あるいはこのような理論をまったく知らず、勘と度胸で投資を行っていたのが、日本の1980年代のバブル経済であったわけだ。

リスク評価の重要性

このファイアナンス理論の考え方は、不動産投資論に対して重要なことを示唆している。

投資の対象となる資産の個別リスク評価の前に、市場自体のリスクを評価する。

市場の一単位当たりのリスクの値段を求め、それにその市場にある個別資産のリスクを計数化して掛けることによって、投資資産のリスク評価を求めるものである。これが市場リスク（システマティックリスク）とビジネスリスクの本質になるわけだ。

最近のリスクマネジメントの教本では、「市場リスク＝金利変動」として説明を終わってしまっているものが多い。しかし、上記のように考えると、金利変動だけでなく、市場の情報インフラの整備、上質なマネジメント・技術の有無、政策的な誘因（インセンティブ）、さらにはリスクをとる行為に対する遺伝子といったものまで、市場リスクとして考慮されなくてはならない。

アメリカ西部カリフォルニアには、世界的に有名な産業クラスター、シリコンバレーがある。もともとシリコンバレーは、スタンフォード大学の研究成果を実用化するためのインキュベーターであったという見方もできる。ここで生まれるスタートアップのビジネスに対して、リスクをとって支援をする市場が、シリコンバレーの本質でもあった。

日本では、産業クラスター、特にＩＴ関連のクラスターが、何にもないところから自然発生的に生み出されるかのような勘違いが多い。そこに英知が集まる必然性、革新を起こす遺伝子、リスクをとる気質等が素地として存在して、はじめて生成する必然性がある。シリコンバレーの隆盛にも、リスクをとる遺伝子が大きく貢献したことが挙げられる。このような遺伝子がある市場と、そうでない市場では、当然市場リスクに対する考え方が異なる。この遺伝子の起源は、アメリカの西部開拓史にまで遡ることができるだろう。

4 ヘドニックアプローチ

不動産投資市場には、多くの価格が存在する。

賃料は物件によってすべて異なるが、これは当然、物件自体がすべて異なるためである。例えばワンルームマンションといえども、その賃料は、立地条件、設備のグレード、築年数等の要素によって、それぞれ設定される。

そのような市場においても、収束価格（理論上の価格）を数学的に求めることができる。ヘドニック法は、地価あるいは賃料を、これらに影響を与えるさまざまな要素との間に関数関係を求めることによって説明しようとするものである。

98ページの図表2‐12は、東京都港区における賃貸マンションの実質賃料（家賃に礼金、敷金等を考慮したもの）と㎡数規模別の関係を表したものである。

162物件のサンプルを賃料（縦軸）と㎡数（横軸）でプロットすると、データの散布が図表のように、直線上に収束する。この収束する直線は

Y（賃料）＝4155・7x（㎡数）＋4143・6（定数）

という式に表される。例えば、この式の㎡数xに40㎡を入れると、17万371円という賃料を得ることができる。この解析モデルでは、統計学的に全体の87％（R^2）が説明できる。これが

市場賃料の収束価格である。

例えば、港区でマンション投資を計画するとしよう。賃料相場を知るために、地元の不動産屋へ問い合わせ、調査をする。

「港区の賃貸マンションの値付けは、昔からウチがやってきた。弊社を差し置いて、港区の賃料相場を語れるわけがない」

と言う自称港区最強の不動産会社があったとして
・そこからアドバイスを受けるか？
・上記の手法で市場のデータ解析から収束価格を得るか？
「精度」という点から言えば、ヘドニックアプローチ的な収束価格の方が、はるかに信頼がおける。しかし、ビジネスからすれば、市場の収束価格だけが答えではない。皆が同じ収束価格を付けるような市場では、面白いビジネスチャンスはあまりない。ビジネスとしての魅力は、むしろどうやって収束価格からかけ離れた価格、他社と差別化できる価格を付けられるかにある。ここで重要なことは、市場の収束価格、均衡価格を知ってこれらと差別化した価格を付けることと、知らずに経験と度胸だけで価格を付けることは、まったく意味合いが違うという点である。

次ページの図表２‐12では、この解析値でR^2＝０・８７７７、つまり87％説明ができるという精度を持っているが、明確に市場が収束しているから港区の市場が優れているというわけではなく、市場の特徴を表しているに過ぎない。

同じ時期に調査した品川区のケースが図表２‐13であるが、これを見るとR^2＝78％で、港区

図表２－12　東京都港区2005年（実質賃料円：m² 数）サンプル数162

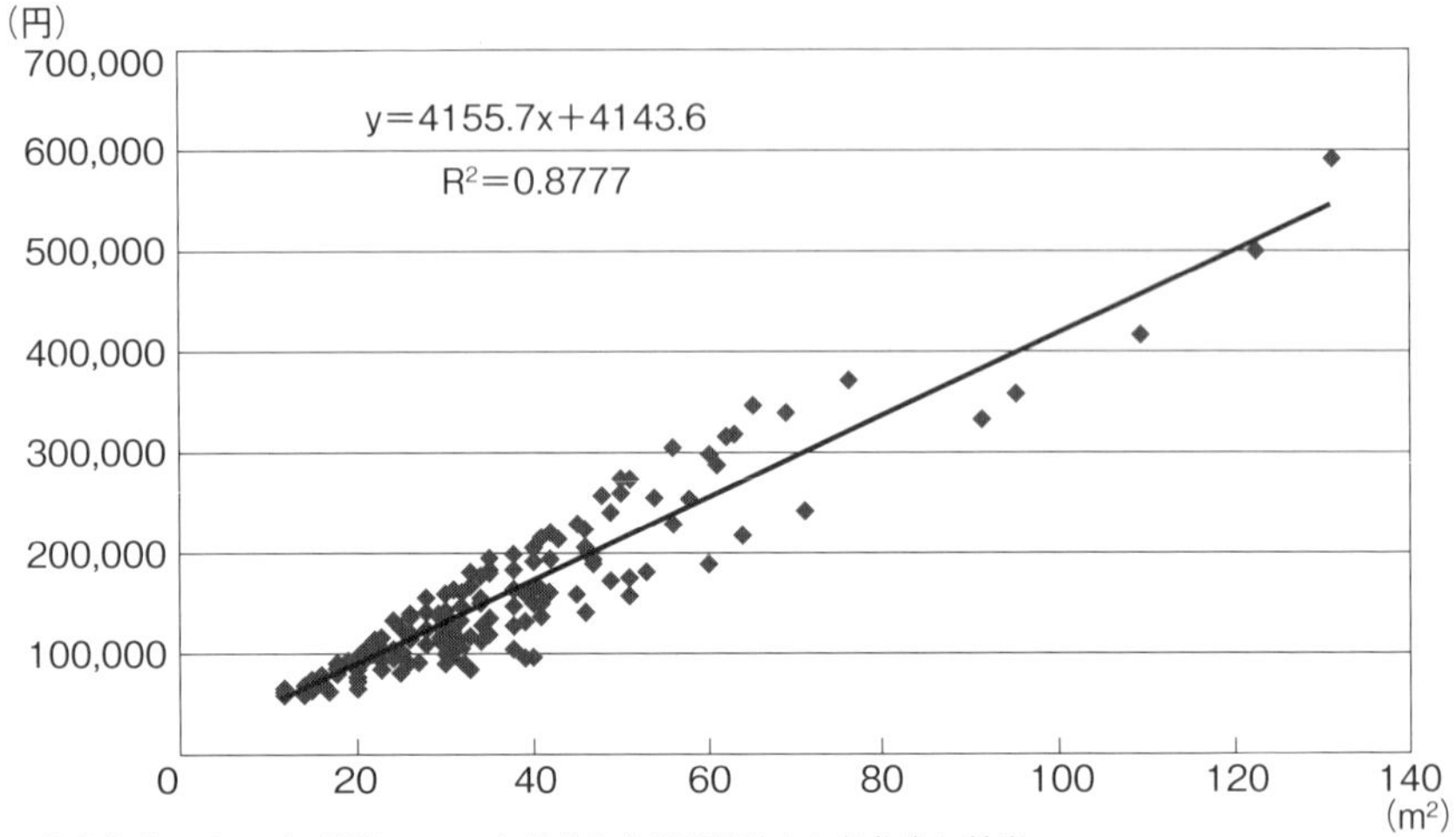

※筆者作成。サンプル採取：2005年賃貸住宅関連雑誌より無作為に抽出。

図表２－13　東京都品川区2005年（実質賃料円：m² 数）サンプル数215

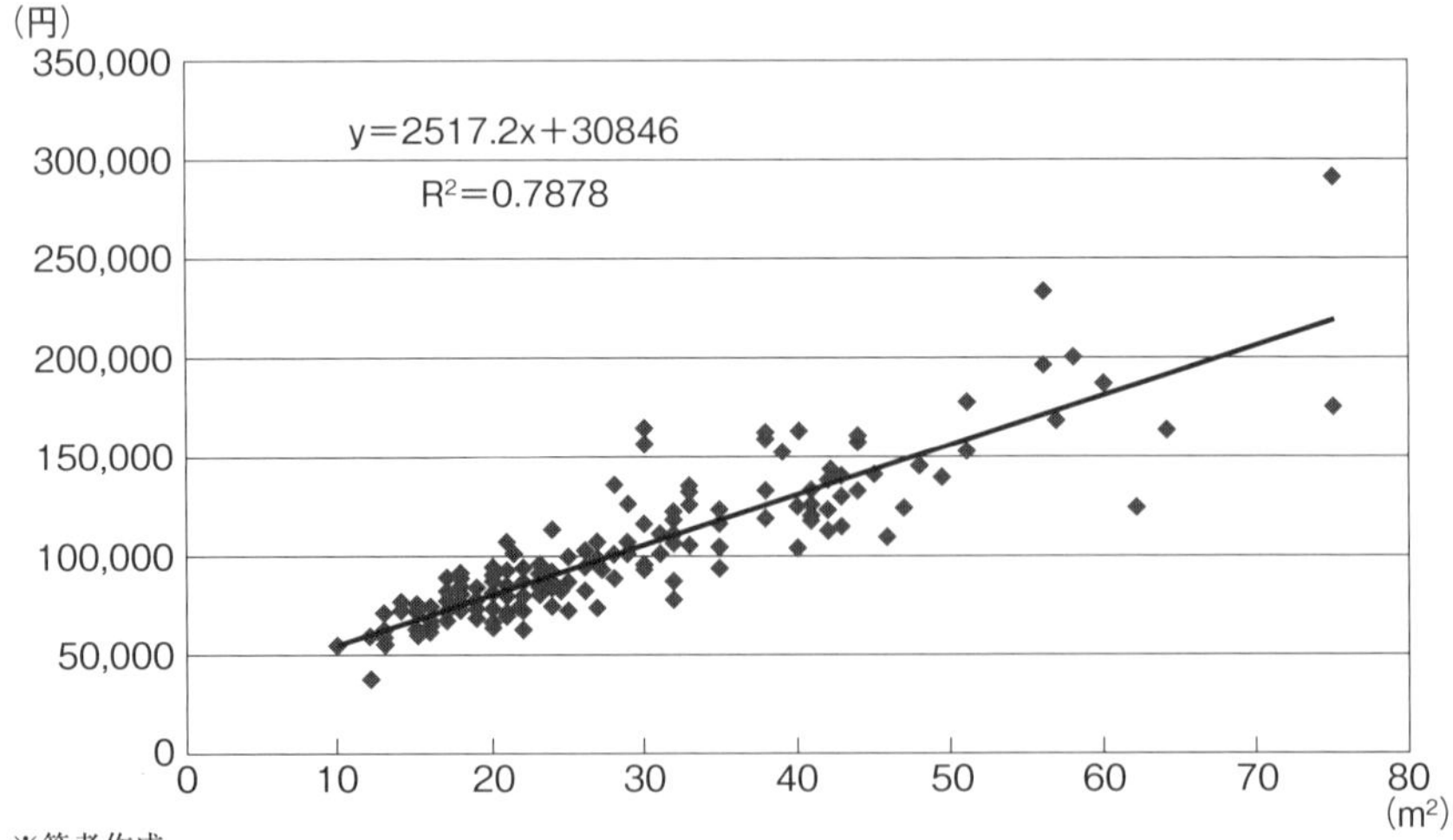

※筆者作成。

に比べ収束していない。収束していない市場、均衡していない市場は、これはこれで面白味がある。つまり、収束から乖離する他とは違ったイレギュラーな価格付けができることは、ビジネスの視点で見ると、差別化が可能となり、多くのビジネスチャンスが存在していることを意味する。

さまざまな創意工夫、差別化が存在して、収束価格から乖離したビジネスプレーヤーが存在する市場は、ダイナミズム（力強い変革創造の力）に富む進化した市場ともいえよう。収束している市場は、ある意味で同質性が高い市場であり、収束していない（サンプルが分散している）市場は多様性がある市場であるとも言えよう。

ビジネスとして考えるならば、同質性が高い市場の方が安定しているかもしれない。しかし、多様性がある市場の方が面白味がある。

市場にオファーされている賃料を解析するには、上記のような㎡数という要素だけでなく、駅からの距離、設備のグレード、商圏のレベル等、さまざまな要素を変数として解析する多変量解析を行い、市場の収束価格を調べる方が良い。これらの要素によって、どれほどのレベルのマンションをどこに作れば、いくらの賃料を設定できる、という非常に正確な市場の収束価格を得ることができる。

このようなアプローチが「ヘドニックアプローチ」である。次ページに、港区の市場でオファーされている実質賃料を、「㎡数」、「築年数」、「徒歩分数」、「建物の階建て数」の属性を説明変数として多変量解析を行う。

図表２－14が解析結果である。

図表2－14　ヘドニックアプローチによる解析結果

モデル式：$Y = \beta + a \times X + b \times Z + c \times V + d \times W + \varepsilon$

非説明変数Y：実質賃料
説明変数　X：物件のm^2数　　a：係数
　　　　　Z：物件の築年数　　b：係数
　　　　　V：物件の主要駅からの徒歩分数　c：係数
　　　　　W：物件建物の階数　　d：係数
β：定数項
ε：誤差項

東京港区オファー賃料調査サンプル（2005）統計値					
	実質賃料（円）	m^2数	築年数	徒歩分数	階数
平均	152,168	35.6	13.7	7.0	8.2
中央値	129,138	32	7	7	8
標準偏差	84,486	19.0	12.8	3.3	4.1
最小	57,672	12	1	1	1
最大	592,064	131	48	15	30
標本数	162	162	162	162	162

説明変数		係数	P-値
切片		17289.7	0.03854337
a	m^2数	4107.4	6.3756E-81
b	築年数	－1059.5	1.6215E-09
c	徒歩分数	－265.6	0.66798158
d	階数	609.7	0.2388938

解析の結果、説明変数である「徒歩分数」と「階建て数」は統計的に有意水準を満たしていない（帰無仮説を棄却する確率Ｐ－値が高すぎる）。

したがって港区では、主要駅からの徒歩時間と階数を説明変数として実質賃料の収束価格を求めることはできない。このことは、例えば主要駅からの徒歩時間でいえば、この市場では主要駅からの徒歩時間が遠いからといって賃料が低く設定されるという規則性が明言できないことを示している。つまり「統計的に明確でない」ということである。また、徒歩分数が長く距離が離れているにもかかわらず、高い賃料も存在しているということである。

このような収束が明確でない市場では、いろいろな創意工夫のチャンスがあり、ビジネスとしては非常に面白い。

ちなみに、この２変数を除いた「㎡数」、「築年数」の２変数で港区の実質賃料を説明すると、実質賃料は

Ｙ＝２１０４４円＋４１０７・１×㎡数－１１０５・１×築年数　（AR^2 90％）

で説明できる。築５年の20㎡の賃貸マンションの実質賃料は９７６６０・５円と推定できる。

5 マーケット間の裁定

裁定機会とは?

市場にさまざまな均衡価格、収束価格が存在することは、前述のとおりである。では、各市場におけるこれらの価格に違いが生じた場合、どうなるだろうか。

2つの市場に違った価格が存在する場合、そこには「裁定機会」が存在することになる。例えばソニーの株価が東京証券取引市場で1000円、大阪証券取引市場で900円なら、大阪証券取引市場でソニーの株を購入して、東京証券取引市場で売却すれば、100円の儲けが生じる。

このように、2つの市場で相場が異なるとき、安い市場で買い、高い市場で売って利益を得ることを「裁定(arbitrage)」という。裁定は、裁定機会がなくなるまで続けられる。やがて裁定機会がなくなると、2つの市場が新しい均衡価格へ到達する。

上記のソニーの株価でいえば、東京、大阪の証券取引市場は950円になるまで裁定が繰り返されることになる。そしてこの950円が、新しい均衡価格となる。つまり裁定機会が存在するときは、新しい市場間の均衡に向かって市場が動くことを意味する。

例えば、同品質のテレビがあった場合、日本で生産するよりも中国で生産した方が安いとすると、中国で購入して日本で売ることが市場行動となる。そして通常、これは「貿易」を通じて行われる裁定取引となる。これがミクロ経済学の理論であるヘクシャー＝オーリンの定理、ストルパー＝サミュエルソン定理に基づくものである。

賃金と地価の裁定

日本の経済は、1985年のプラザ合意を前後して、対外的に非常に強い経済パフォーマンスを示した。〝ジャパンアズナンバーワン〟といわれたこの時期の高い経済パフォーマンスは、欧米諸国と比較して、優れた品質技術だけでなく、安価な労働力、多い勤労時間による高い労働生産性が生み出したものとも説明できる。

もしそうであるならば、この時期に欧米諸国と日本の間において、労働生産性（賃金）の裁定取引が行われたことになる。つまり、安い賃金によって生産した日本製品を買い、高い賃金によって生産した欧米製品に競合して欧米市場で売るという経済行為である。

ここに賃金の裁定機会が存在すると考えるならば、日本の賃金は均衡状態になるまで上昇することになる。反対に、高い欧米諸国の賃金は均衡状態まで低下し、やがて裁定の機会がなくなり均衡状態が生まれる。

この時に裁定がなされたのは、実は賃金だけでなく、製品を生産するために投入された経営資源についても裁定が行われたと考えることができる。経営資源の中のスペースは不動産である。つまり、この不動産価格に大きな影響を与える地価も裁定が行われたと見ることができる。たとえ欧米より日本の方が、実際の地価が高くても、そこで生産される製品が安ければ、製品に原価として織り込まれる地価も裁定取引の要素となる。

このように考えると、この時期の経済パフォーマンスの裁定取引が行われていた期間（日本の家電製品に国際競争力があり、多くの海外に輸出されている期間）、日本の地価も均衡状態に向かって上昇したことになる。そして均衡状態になれば、地価の上昇は止まる。

もし、この日本と欧米との間の経済パフォーマンス均衡状態がバブル経済のピーク時と重なるとしたら、同時にこの時、地価の上昇基調（トレンド）のピークになったことが説明できる。さらにその後、今度は日本とアジア諸国、特に中国との間に賃金・地価をベースにした経済パフォーマンスの裁定取引が始まったとしたら、市場の均衡状態に向かって、中国の地価・賃料は上昇し続け、反対に日本の地価・賃料は下がり続けることになる。

このように、日本の経済パフォーマンスの対外諸国に対する均衡と、裁定取引の考え方により、１９８０年代から地価が上昇し１９９０年代初頭に地価がピークを迎えたことを説明することができる。また、１９９０年以降の地価下落をアジア中国との経済パフォーマンスの裁定機会で説明することもできる。

裁定取引とは、市場間の取引である。一度均衡状態になっても、また何らかの影響で市場が変動すれば、裁定機会が生じる。そして裁定機会そのものがビジネスチャンスとなる。それはビジネスが常に裁定機会を捜し求めて、ダイナミックに動き回るためである。

中国は単一市場ではなく、国内にいくつもの市場が存在する。２０００年代になると、日本企業の多くが進出した上海近郊沿海部の市場と日本市場との間では、裁定機会が収縮し始めた。２００４年頃から日本の地価の下落が収束し、上昇に反転する。それと同時に、中国の地価がバブルの様相を呈し、市場にリスクが顕在化してくる。しかし、市場原理は次に、中国内での沿海エリア市場と内陸部市場との間に、新しい裁定機会を求めるようになる。たとえ日本と中国の間に何らかの障害が生じても、ベトナム等、他国との裁定が起こるだろう。

このように市場は、常に他の市場との間に裁定と新しい均衡の登場を繰り返すことで進化していく。

国内の資産市場、賃貸市場の均衡関係による不動産総合収益率が良いから地価が上昇する、あるいは収益率が悪いから地価が下がり続けるといった要素以外のところで、市場価格が説明できる。

これが国内市場の均衡だけでは説明できない、グローバル経済の本質である。

6 地価バブルとダイナミズム

均衡価格を超えた案件へ投資が行われる

地価バブルは、ファンダメンタルズ（基礎的要素）の成長を大幅に超過した価格付けがなされることによって生じる。

ファンダメンタルズの成長を、「収益に裏づけられた適正な市場の均衡である」と仮定して考えてみる。では、なぜこのような収益に裏づけられた均衡価格から乖離した取引が市場で成立するのだろうか。

投資ビジネスの行為がまるでゲームでもしているかのように「効率の良い投資案件があれば行い、リスクの高い案件ばかりで良い案件がなければ、市場で待機していてもよい」という前提にあれば、少なくとも市場の取引の大方が、無難な均衡価格及びその周辺で収束するはずである。

しかし、企業（ファンド等を含む）活動はゲームとは異なり、事業計画に基づいたロットをこなすことが求められる。あるいはファンドのように、急激に投資資金が流入し、それらのニーズに応えなくてはならないとき、結果的に均衡価格あるいは収益に裏づけられた範囲の価格から、乖離した案件にまで取引を拡大して対応しなくてはならない。

さらに言えば、一企業の事業年度中には儲かった取引もあれば、赤字の取引もあり、そのトータルで事業計画通りのロットをこなす。そこにビジネスプレーヤーの創意工夫、求められた仕事をこなすスキルの優位性が認められる。つまり、均衡値から「乖離するプライシング」こそ市場のダイナミズムの源になるといっても過言ではない。

これらの取引は、市場の中で個々の取引として見ると、均衡価格を逸脱したプライシングであることには変わりない。しかし、市場が求める適正な均衡価格による取引の量（需要量）が、市場に存在するビジネスプレーヤーが望むビジネス量（生産能力）を下回る状況では、期待値を過大評価して均衡価格を超えた範囲で取引を探さなくてはならない。そしてそれは、期待を過大評価し均衡価格を超過した投資案件にも過剰投資することを意味する。

前述のケインズの一般均衡理論で、建設市場の事例を取り上げたが、各建設企業はコスト技術を競い、採算ラインから収益を確保した、つまり、適正収益に裏づけられた範囲で応札した。しかし今の日本では、非常に低い価格で応札し、採算を割ってでも仕事を取りにいくような事態が起きている。これは、市場にその建設生産能力を下回る需要しかない状況、つまり市場に建設業者が多く存在して、彼らが望む取引量以下のビジネス機会しかないため、採算を割った入札価格でも仕事を取りにいくことになる。

市場に供給能力を下回る需要しかないとき、低価格の仕事をとり賃金が下がり続けるが、それでも市場の価格自動調整が機能せず、改善されない。したがってその場合は、市場の生産能力に足りない分の需要を有効需要として作り出す必要がある。これが公共投資等による財政投資になる。建設業界では公共投資による市場メカニズムの健全化がなされるが、不動産投資ビジネス市場においては、有効需要を作り出すために財政投資が行われることは考えられない。

もっぱら市場原理に委ねられるのが、この市場の特徴である。

市場におけるダイナミズムの必要性

そもそも市場におけるビジネスプレーヤーの量（生産能力）は、どのように決まるのであろうか。

ある不動産ビジネス市場に生産能力以上の需要があり労働生産性が高いと判断されると、それより低い他の市場から労働力の参入が始まる。しかし、参入が続き過剰になると、今度は生産能力が需要を超えた市場となり、バブルを生み出すプライシングがなされるようになる。

デフレ経済市場では、投資家が市場からいなくなり、また、新たな投資資金も入ってこない。このような状況では、均衡価格を大幅に逸脱するプライシングは生じない。しかしそれは同時に、均衡価格を逸脱したイレギュラーなビジネスを生み出す多様性の喪失でもある。均衡を逸脱した値付けをするプレーヤーの存在は、確かに市場を荒らす。しかし、彼らがいなければ、市場のダイナミズムが生まれてこないのも事実である。

ケインズの一般均衡理論では、如何に市場の均衡を作り上げるかがその課題であった。しかしその一方で、資本主義とは、市場経済において資本力にものをいわせた過剰投資を正当化させ、過剰生産し、過剰利潤を独占ならしめて、それを資本に蓄積化して巨大化していくためのイデオロギーでもある。資本主義の問題点については第5章で再度述べたい。

第3章では、不動産投資ビジネスと市場循環の関係を説明し、そこで経済学者シュンペーターの均衡概念を紹介する。彼は一般均衡を、市場の成長が地代、賃金等に吸収されて、やがて新規投資もなくなり利潤がゼロになる状態であると説明した。さらに、そのような成長がなくなった均衡から、新しい均衡への「動態的」移動こそが資本主義経済のダイナミズムであるとしている。

ダイナミズムは、創造的破壊から生まれる新たな技術革新、他とは差別化・多様化したビジネスによって生み出される。

7　地価バブルの退治

1980年代のバブル経済

1980年代後半のバブル経済は、どのようにして〝退治〟されたのであろうか。

1980年代に入って、アメリカではレーガン大統領による経済政策（レーガノミクス）が失敗し、巨額の財政赤字問題が顕在化した。その矛先は対日貿易収支赤字へと向けられ、米議会対策として対日貿易赤字の削減が求められた。そして1985年のプラザ合意を機にG5協調のドル安円高基調が打ち出され、市場でも一気に円高が進んだ。

さらに、貿易黒字国である日本、ドイツでの低金利政策、反対にアメリカでの高金利誘導による対米貿易黒字削減が協調政策として合意されていた。一方、日本国内でも円高不況対策として低金利政策が推し進められていたが、1986年にはこの円高不況から脱出できたものとされていた。しかし、このアメリカとの低金利政策の取り決めにより、さらに金利は下がり2・5％の公定歩合が実施された。

1980年代後半になると、アメリカ、ヨーロッパ、そして日本でインフレ懸念が生じ始めた。これを受けてドイツでは、1988年早々に、金利の上昇政策に転換した。しかし日本は、レーガン大統領と中曽根首相との「ロン・ヤス関係」の名の下、対日貿易収支赤字削減・日本国内での内需拡大のための低金利政策が続けられた。

図表2‐15は、東京都心部の主要エリアの地価公示の変動率を表している。最も早いエリアで、1987年に地価上昇変動率がピークを示している。明らかな資産インフレであるにもかかわらず、1989年5月まで公定歩合2・5%の低金利政策が続いた。

この時、日銀は「物価は安定しており、インフレの激化は見られない」という見解をとっていたが、後日行われた政策検証では、日銀の物価に対する注視において、資産インフレに対する関心が希薄であったという見解がなされている。

当時、物価とは消費者物価と卸売物価であるとの認識であって、不動産資産に対する関心がまったくなかったのであろう。

その後、いよいよバブル経済の過熱が顕在化し、何らかの対処が求められるようになると、1990年、公定歩合が一気に6%まで引き上げられた。それと同時に、地価に対する監視制

図表2－15　地価公示変動率

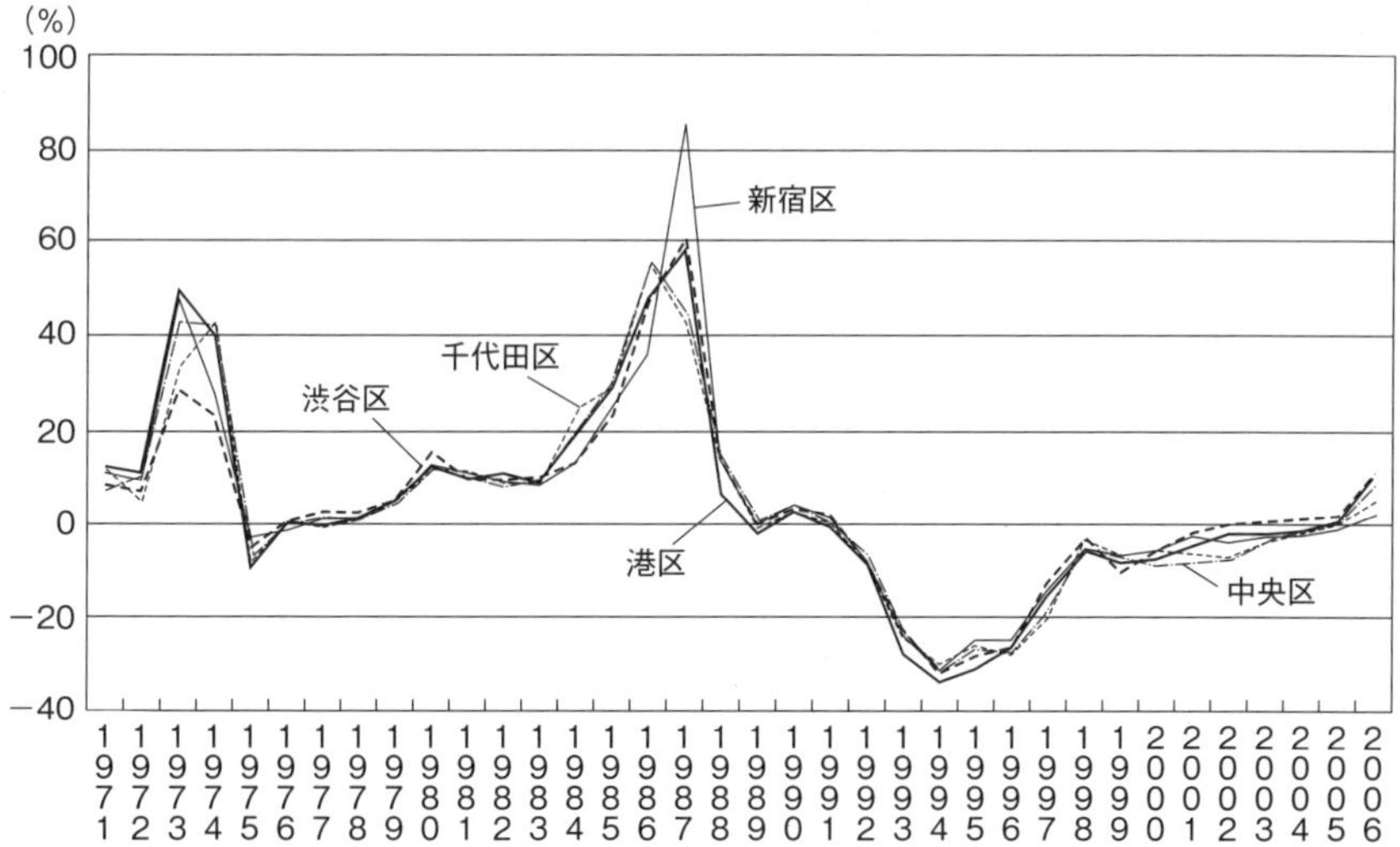

※国土交通省地価公示を元に筆者作成。

度が導入され、銀行の融資窓口において総量規制が始まった。

多額の不良債権が生み出された原因

マクロ経済の考え方では、市場全体の投資量は、投資の限界効率と金利の関係によって決まる。投資を一単位増やすことによって得る収益が、投資の限界効率である。つまり、投資の限界効率が借入金利と一致するところまで、投資が進むことができるという考え方である。したがって、金利が上昇すれば、投資の限界効率も上げざるを得なくなり、追加投資する限界が高くなり投資量が減る。しかし1988年以降のバブル経済においては、加熱した投資市場は依然として高い収益率を実現し続け、政策的な金利上昇だけでは市場を沈静化することができなかった。

同時期になされた地価監視区域の導入によって、地価をそれ以上押し上げることはなかったが、地価に市場のフェアマーケットバリューの適正を提示するまでには至らなかった。それは監視の基準地価自体が、収益還元に基づくものではなく、未だ類似取引価格の比較によっていたからでもある。

それに対し、銀行融資のフロントでの総量規制によって、新規投資が一気に停止された。しかし、このとき止めてしまった投資は、将来日本を支えるのに必要な新規の優良投資であり、本来止めなくてはいけなかったその後不良債権化するであろう破綻予備軍の既存投資への融資は続けられたのである。

銀行の融資担当者は、自分が決裁してきた不健全化しつつある投資への資金提供を止めることで完全に不良債権化してしまうことを恐れ、新規の投資案件をすべて止め、その分、総量規制の下で採算を悪化されている融資先への「つなぎ融資」に資金を回し続けたわけだ。

これが、その後その処理に要した期間が「失われた10年」と呼ばれる膨大な不良債権を生む原因となり、海外から日本の銀行はゾンビのごとく不良債権を生かし続けていると批判された実態であった。やがてこの問題は、北海道拓殖銀行の破綻、山一證券の破綻に象徴される金融恐慌へと発展していく。

今から考えると、リスク管理の上で最も重要なことであるが、当時まったくリスクと考えられていなかったことがある。それは金融機関や融資先である企業間の「雪崩型」倒産、破綻状態である。

金融機関を筆頭に、各企業は複雑にリンクし合っている。特に日本の場合、株の持ち合いによって企業間のつながりが非常に大きい。この状況は「護送船団方式」とも呼ばれ、良い意味では建設的な協調体制ができていたものの、悪い意味ではファイヤーウォールのない一蓮托生の状態となっていた。このため、大きな企業破綻、通貨危機、天変地異が生じた時の共倒リスクに対する供えがなかった。

単なる金融機関の破綻と、金融クライシス（金融危機）との違いは、それが単体の破綻か、市場全体の「共倒れ」か、という点である。

不良債権を処理するビジネスモデルの登場

その後デフレ不況経済は、不良債権を再生するビジネスの登場を待つことになる。

それが、海外からの高度な再生技術と大きなリスクに対応可能なリスクマネーを用意した「ハゲタカ・ファンド」の参入であった。

それと同時に、日本の投資市場においても資産の流動化スキーム（ＳＰＣ関連）、運用スキーム（ＲＥＩＴの創設）の法整備が進み、一気に不良債権処理が進行した。

バブル経済の破綻処理によって、我々が学習した最も重要なことは、「いかに早く、過剰投資を解消・償却するか」ということである。

つまり、利益を上げられない投資ビークルから利益を上げられる投資ビークルへ、資産をすみやかに移行することである。この移転に時間がかかればかかるほど、不良債権は増殖してしまう。そうならないために必要なのは、破綻した投資家を早く市場から退場させ、新しく優良な投資家を市場に呼び込むことである。

それと同時に、我々がバブル崩壊で学習した最も怖いリスクは、「流動性リスク」である。流動性をなくすと、リスクに対するマネジメントがストップしてしまう。市場全体に信用クランチを引き起こし、一斉に市場から資金を引き上げてしまう。

このような流動性リスクに陥らないためには、市場に精通した非常に高度な政策コントロールが必要となる。１９９０年代にとられたバブルの退治的発想である金利の急上昇、融資の総量規制、市場への規制介入は、新規投資家の参入を阻み、資産の流動性を急になくしてしまう結果となった。

多くの投資家が行き交っている高速道路のような市場で、いきなり規制をかけると、急ブレーキによってコントロールを失い、交通事故が起きる。その挙句、大渋滞を起こし、市場が停滞してしまう。

そうならないように、さまざまな迂回路を作り、危険な運転を行う投資家、事故を起こした投資家をすみやかに退場させ、早く渋滞を解消させる政策こそが必要になる。

8 サブプライム住宅ローン破綻問題

経済政策の柱となる住宅市場

2007年、アメリカの住宅バブル破綻、いわゆるサブプライム住宅ローン問題が資本市場にグローバルな影響をもたらした。

そもそもアメリカの住宅市場は2000年以前から旺盛な住宅需要を堅持しており、この住宅需要はファンダメンタルズ（基礎的要素）な需要を超えた力強さを持っていた。そして、これこそがバブルであった。

住宅需要はアメリカに限らず日本でも、大きな消費市場と密接にリンクしているため、経済政策の重要な柱とみなされる。したがって旺盛な住宅需要は、担当政権における経済政策のポイントとなり、その結果、本来の実需を超過した需要が政策的に創出される傾向にある。

日本においても、全住宅ストック戸数の実に1割以上が空き家となり、戸数的には需要を超すストック量が市場に存在する。それにもかかわらず、新規住宅の建設にはさまざまな減税特例が創設され、住宅市場の成長政策がとられている。

破綻を引き起こしたビジネスモデル

今回のアメリカの住宅バブルにおいて、ファンダメンタルズを超えた需要を創出したビジネスモデルとして「ホームエクイティローン」「キャッシュアウト・リファイナンス」を挙げることができる。

「ホームエクイティローン」とは、住宅ローンの債務残高より家の市場価値が高くなったとき、新たにその分ローンを設定して、お金を貸すというモデルである。そして借り手は借りたお金を一般消費に回すことになるため、「ただ家を持っているだけで、キャッシュ（現金）が生まれる」ともいわれた。

アメリカでは通常、一般消費ローンは担保をとらないため、その分リスクが高く金利も高い。これに対してホームエクイティローンを使うと、「家」という担保がある分、安い金利でお金を借りることができた。アメリカにおける住宅市場の成長は他にある多少の問題を覆い隠すほどの政治的パフォーマンスがあり、このビジネスモデルが正当化されアメリカの消費を拡大した。

住宅を持っている者は、住宅の市場価値が上昇し続ける限り、この恩恵にありつけた。その結果、誰しもが住宅を持とうとして需要を拡大させ、２０００年以降のアメリカの「インフレなき底堅い経済成長」を支えたビジネスモデルとなった。

「キャッシュアウト・リファイナンス」も、住宅資金を借りる時に、余分なローンを設定して、消費のための資金を得るモデルである。

一方、住宅業界が新たに手にしたリスクの分散と移転の技術が、従来では家を持つにはリスクが高すぎる低所得者層にまで市場を広げた。ここに供給側の思惑と需要の新しい一致が生じたのである。

証券化によるリスク移転のビジネスモデル

実際のファンダメンタルズの成長を超えた市場の拡大、しかもこれが市場価格の拡大、つまり資産効果に支えられたものである点においては、バブル以外の何者でもない。しかし、当初は、このバブルは破綻することなく軟着陸するだろう、という見方があった。それ故に景気拡大が優先され、明確な対処政策が打ち出されなかったといえよう。この軟着陸が、リスクの移転技術の開発である。

アメリカの住宅政策は、以前の日本のように住宅金融公庫等の公的セクターが安い金利で直接住宅資金を貸し出しファイナンスするのではなく、民間の各住宅ローン会社がローンを販売していた。このローン債権をまとめて別のＳＰＣ等投資ビークルに売却し、ＳＰＣは小口の証券を発行して投資家を集め、資金を集めてローン債権の買取資金に充てた。この時点で本来の住宅ローン会社からこのローンのリスクがオフバランスされ、かつ、小口の投資家にリスクが分散されることによって、リスクの移転、分散の加工がなされたことになる。

住宅政策そのものが、この「ストラクチャードファイナンス」と呼ばれる証券化技術により、組成されたレジデンシャルモーゲージ証券（ＲＭＢＳ）で市場から直接ファイナンスされていた。この証券化をする機関としてジニーメイ、フレディマック、ファニーメイ等の政府系、連邦系金融機関が関与することで、住宅市場への誘因（インセンティブ）を与え、国策に足るものとしてきた。

このようなアメリカの住宅制度の根幹をなすスキームは、第２次世界大戦の復員政策にまでさかのぼる歴史があり、またその後の市場規模から見ても、一時的な金融ビジネスモデルではなく、米国債（ボンド、ノート）以上に金融システムの中で重要な役割を担ってきた。

実際、現在あるデリバティブ商品（金融派生商品）の多くは、これらの証券を元債券としてリスクの高い部分（劣後）と低い部分（シニア）に分けたり、金利と元金を分けたり、他の商品に組み込んだりしてカスタマイズして開発された。デリバティブの購入者は、元の住宅ローン等から移転されたリスクのうち必要なリスクだけをとり、不必要なリスクはとらないで済む。

このように、金融技術によってより細かい市場ニーズに応えることで、市場の成長に貢献してきたのである。ＲＭＢＳ自体は、アメリカのリスクマネジメント技術開発の根幹であり、最も信頼と自信のある証券システムであったはずである。

そして、アメリカでは１９９０年代に入って、住宅の証券化に続き、商業用不動産ローンの証券化ＣＭＢＳ（コマーシャルモーゲージ）が始まった。日本の野村證券が１９９８年のロシア通貨危機の折に、経営危機に陥るほどの多額の損失を出したのがこのＣＭＢＳの運用であった。

同じく１９９０年代に、不動産投資のエクイティ市場であるＲＥＩＴが急成長した。アメリカの不動産投資市場は、デットのＲＭＢＳ、ＣＭＢＳ、エクイティのＲＥＩＴによってファイナンスされ、リスクが分散・移転システムにより管理される市場構造が作り上げられた。

これは言い換えると、「アセット（資産）」、「デット（負債）」、「エクイティ（資本）」それぞれのバランスのある技術革新によって作られたセカンダリーマーケットであり、この実物不動産市場と証券市場によるヘッジ金融システム自体は、不動産投資ビジネス市場の多くのニーズに応え、成長に貢献し、投資を促進し市場経済の活性化、成長を実現したはずであった。

ではなぜ、これらの優秀なビジネスモデルをもってしても、住宅バブルの破綻に至ってしまったのであろうか。

サブプライムローン破綻を金融クライシスにさせたグローバル経済

サブプライム住宅ローンは、シニア（上位）の住宅プライムローンに対する劣後のローンであるが、リスクが高い分、トータルの金利が高い仕組みとなっている。

日本のバブル破綻のように、破綻が起こるとすべての住宅ローンの信用で破綻が起きるのではなく、信用が高いクラスと低いクラスに市場が分けられている。これがリスクの優先劣後の仕組みである。

つまり、住宅ローンすべてで信用破綻（クレジットクランチ）が起きるのではなく、信用の低い（リスクが高い）クラスで仕組みが区切られている。

このように信用が低いクラスにはサブプライムの高金利が設定されていたが、これは明らかな超過リスクに対するプレミアムコストである。リスクが超過していることを市場が認識して、それに対してプレミアムコストを要求していた。つまり備えがあったわけだが、度を過ぎた市場経済は逆に、このプレミアムをターゲットとするようになった。

住宅ローン会社では、これらリスクの高い債権がプールされ証券化され、リスクのとれる投資家に移転した。このセカンダリーマーケットのリスクの高い証券に、金余りのアジアマネー、中東・ロシアのオイルマネー、高い利回りを要求するユーロマネー、さらには低金利のジャパンマネーによってレバレッジを利かせたハイレバレッジマネーが、より高利回りを求め大量に向かったわけである。

このバブルで破綻したのは、元の住宅ローン債務者とこれらのヘッジファンドであって、システムからすると、本来住宅ローンシステムは証券化（パススルー）によりリスクの分散・移転ができていたことになる。これが数年前から、「アメリカの住宅バブルはいずれ破綻するだろうが、リスクマネジメントがなされているから破綻後の処理は軟着陸するだろう」と言われていた所以である。

しかしその一方で、高い利回りを求めて動き回るヘッジファンドのセクターが、グローバル経済の中で非常に大きくなっていた。ヘッジファンドは別名「ハイレバレッジ投資ビークル」とも呼ばれ、高い利回りに高いレバレッジ（増幅効果）を多用した投資形態であった。つまり、非常に高い利回りを生む「玉」を必要としていた。

このヘッジファンドが、サブプライム住宅ローン証券の高利回りに目をつけて、さらに高いレバレッジを利かせて運用した。本来ならば、証券化による金融商品の設計においては、リスクが低減されるようにリスクを打ち消す元債券が組み合わされ、プール化され、金融商品化される。つまりリスク分散の技術である。しかし、それがなされず、ヘッジファンドのニーズに応えてよりリターン（リスク）の高い金融商品化がなされた。

より高いリターンに対するニーズのみに応えたのだ。

サブプライム住宅ローンの破綻は住宅バブルの破綻であるが、この住宅ローンの市場が世界中の資本市場にクレジットクランチ（信用破綻）を起こさせるほどの規模でないことは明白である。しかし、ハイレバレッジを多用するヘッジファンドによってリスクが元本以上に増幅され、世界中の資本市場で非常に大きな信用危機を誘発する事態になった。このため市場の信用が喪失し、津波が引くがごとく皆が一斉に資金を引き上げた。特に住宅関係の部門には資金が最も早く引き上げられ、供給が止まってしまった。その後、金融市場に波及していく。

これが不動産クライシスにリンクした金融クライシスである。

移転したリスクはどこへ行くのか？

低所得者に住宅を販売することは、リスクの高いビジネスとなる。住宅会社あるいはローン会社は、このリスクを引き受けて住宅を販売する。このリスクは自社の資本金で担保することになる。したがって、資本金によるリスクを引き受ける限度がビジネスの限界となる。

しかし、このリスクを証券化によって移転してしまうとどうなるか。

この場合、資本金の多寡に関係なく、ビジネスを拡大することができる。つまり、いくらでもリスクのある低所得者に販売することが可能となる。さらに自社でリスクをとる場合は、購入者がデフォルトをしないか厳しくモニタリングをするが、これもする必要がなくなる。購入者がデフォルトするかしないかに関係なく、住宅を販売して利潤を上げることができるというモラルハザードが生じる。

実際アメリカでは、ブローカーが暗躍し、このようなモラルハザードにより増幅されたリスクが移転され、リスクを一手に引き受ける証券を購入するグローバルな金融資本市場のシステムリスクを急激に高めたことになる。過剰リスクの消化不良を起こし、資本市場が「一時的」な胃痙攣《いけいれん》を起こしたことになる。

資本主義経済は、資本の拡大を正当化するためのイデオロギーである。

資本主義はその生成以来、長期的なタームで運用する産業資本の拡大を目的としてきた。しかし、この産業資本が短期的な金融資本化することによって、資本の流動化が大きくなった。これは逆に言えば「逃げ足が早い」ことを意味する。市場で何か不都合なことがアナウンスされると、一斉に引き上げてしまうのが金融資本の特徴である。資本市場が、産業資本時代にはなかった非常に大きな流動性リスクにさらされることになった。一時的な胃痙攣で済んでいるうちはいいが、それ以上になると想像だにできなくなる。金融資本主義については第5章で再度議論する。

9　景気循環の最後に来るのはいつも住宅バブル

地価経済＝バブルという固定観念

戦後、確認できている3回のバブル「1950年の全国総合開発計画設立前後」、「1972年日本列島改造論」、「1988年バブル経済」及び、2006年のいざなぎ景気超えをそれぞれ見てみると、その間隔は概ね15年超である。この間にマクロ経済の景気循環に相関する40ヶ月前後のサイクルがあると考えられる（下図参照）。

一般に市場経済では、景気と不景気が循環する。それは不動産投資以外の市場、例えば設備投資市場、商品在庫投資市場でも同じである。しかし、それらの市場では「過熱」、「供給過剰」の状況ををバブルとは呼ばないし、「不景気」をバブルの破綻とも呼ばない。

ところが不動産投資市場では、その「過熱」はいつも「バブル」と呼ばれる。資産バブル、不動産バブル、住宅バブルがそれである。資産バブルには株式投資も含まれることがあるが、市場では概ね「地価経済＝バブル」という認識が強い。不動産投資市場における過剰投資（オーバービルディング）が、他の投資市場における過剰投資に比べ

て何らかの特異性があるのであろう。そしてこれは、大きな景気循環の中で、最後に市場で顕在化するのが、不動産投資市場での過剰投資であることにも起因していると考えられる。

効率性の弱い日本の不動産投資市場

市場はその効率生の度合いにおいて、通常「ストロング」、「セミストロング」、「ウイーク」の3つに分けられる。

効率性とは、例えば、「ある企業が新しい新技術を開発した」という情報が、瞬時に効率良く市場にいるすべての投資家へ知れわたり、それに対する何らかのリアクションを何の障害もなくとることができるような状態を指す。

一般的に、日本の証券株式市場はセミストロングであるといわれ、不動産投資市場はウイーク（弱い）であるといわれている。

これは、不動産投資市場の参加者が他に比べて強欲で、無知で、レベルが低く、効率性が悪いことを意味しているのではない。不動産取引に関する価格情報が個人情報により守られ公開されず、税法・建築基準法・都市計画法等の規制あるいは慣習によって、資産の流動性が限られていることに起因する。また、不動産投資理論等の知識が、企業経営者、エコノミスト、アナリストに普及していないことにも起因しているといえよう。そして、最も知識を欠いているのは、不動産投資家であるともいわれる。この点は真摯に反省すべきところである。

しかし、例えば現実に日本の住宅産業の構造を見てみると、日本の住宅産業界で「財閥系」と呼ばれる財務内容の安定した老舗企業以外の新興企業で、20～30年にわたる長期の景気循環を乗り越えて、持続可能な経営をしているところは少ない。成長している住宅会社の多くが、大きな景気循環を乗り越えられず、銀行の管理下に入ってしまう。

通常、一生に一度あるかないかの住宅購入であり、当然30年以上使い続ける生活の根幹となるべき資産であるにもかかわらず、それを供給するサイドでは、ビジネスとしての寿命が資産の寿命より短いというのが日本の現実である。

これは資産市場の供給サイドの根幹に、システム的な問題があるといわざるを得ないだろう。

景気循環の最後に位置する不動産投資市場

景気循環を供給サイドの商品在庫投資、設備投資、そして資産ストック投資から、家庭部門の消費、ストック投資の順番で考えてみよう。

景気循環の中で、さまざまな情報を判断して最も早く回復するのが商品在庫である。在庫は景気回復とともに減少し、新たな増産が行われる。供給サイドでは材料となる素材産業にさかのぼり、景気が加速される。やがて企業に超過利潤が蓄積され始める。スペースの基となる事業用の不動産ストックが増加し、民生部門での景気過熱とともに、労働力不足となり賃金が高騰する。そして、労働者の可処分所得の増加とともに、家庭部門でのストックの増加が始まる。住宅ストックの増加である。やがて、景気の調整とともに商品在庫の調整が始まる。

金利の上昇をとっても、短期金利の上昇から始まって長期金利の上昇へと波及する。住宅投資に影響を与えるのは、この長期金利の上昇である。

このような市場構造から見ても、当然、住宅投資等の資産市場の調整が最後にやってくることは明らかである。

たとえ「商品在庫投資市場→設備投資市場→資産投資市場→家庭部門のストック投資の調整」という局面の移り変わりが短期間であっても、この時間の差においてビジネスプレーヤーによる市場間の移動が起きる。

景気局面の最後において、不動産ビジネスプレーヤーが過剰になり、前述の地価バブルとダイナミズムで説明したように、均衡価格から逸脱したプライシング、さらなる過剰投資を誘引する状況を作り出してしまう危険性がある。

大きな景気循環の最終局面においては、「そろそろバブルではないか」という見方が出れば出るほど、ビジネスが加速して止めることができないという体質がある。

過剰投資を抑制するための市場金利の上昇を予見させるアナウンス効果（日銀の口先介入）が、まさにラストスパートの大号令になってしまう感さえある。

10 チキンレースの始まり

不動産投資市場における金利上昇の影響

景気の過熱により、いよいよ資本市場に金利の上昇が告げられる。

本来ならば、金利上昇によって、投資市場は敏感な反応を示す。これがセミストロングな市場である。賃貸市場・資産市場も、4象限均衡価格メカニズムにおいても大きな影響を受け、新しい短期・長期の均衡を模索する。また、後述のレバレッジ（増幅効果）戦略においても、金利の上昇は市場に新たなリスクを顕在化させる。

ところが不動産投資市場においては、現実には金利の上昇はある程度の基調（トレンド）として織り込みながら、その反応は遅い。効率的市場仮説の理論に基づけば、それは「不動産投資市場がウイークであるから」という説明になる。

しかし実務の経験則から見ると、ファンダメンタルズ（基礎的要素）の成長に起因する経済の過熱が誘引する金利の切上げは、それほど脅威には感じない。なぜならばインカムゲインにしろ、キャピタルゲインにしろ、投資の収益性自体もそれ以上に上昇しているケースが多いからである。

したがって、金利の上昇がアナウンスされると、多くの不動産ビジネスプレーヤーが一斉に、残り少ないビジネスチャンスを探し、邁進することになる。もう一仕事、最後のビジネスにありつこうと、さながら小さい心臓をドキドキさせながら行う〝チキンレース〟の様相である。チキンレースとは説明するまでもないが、先にブレーキをかけた方が負けであり、ゴールラインにいかに近いところで停止するかを争う競技である。

市場の均衡を見ずに隣だけを気にしてレースをする

どうしてチキンレースになるのか。その理由はいろいろ考えられる。

市場にはさまざまなビジネスプレーヤーが存在する。市場の変動を敏感に先取りする先発組み、遅れて参入してきた後発組み、理論武装してマネジメント技術を十分に持ち得たプレーヤー、勘と度胸だけで参入してきたプレーヤー等等。

また、大きな不動産投資市場では、ビジネスプレーヤーと、実際にリスクをとるインベスター（投資家）が異なるケースが多い。実際にリスクをとらないビジネスフィーだけのビジネスプレーヤーは、最後まで市場でチャンスをうかがう。

しかし、これらに共通することは、誰しもが非常に臆病（明確な知識を持たない）である点である。

皆が隣を伺いながら、「皆が前に出るならもう一歩前に出てみよう」「皆がまだ降りていないのに最初に降りチャンスをみすみす捨ててしまうことはできない」という相対的な観念が強い。極端な例では、止めた時点で会社が潰れてしまうという切迫感すら起きる。

ゲームのように良いビジネスがなくなった時点で電源を切って終了できればいいが、日本の企業システムでは、市場が回復するまでの期間を一時的に休眠することはできない。市場の均衡を理論的に把握するという余裕がなく、常に周りとの比較で、高い安いを比較することしかできなかった、悪癖ともいうべき行動パターンによるところが大きい。

市場で収束する価格が、決して正しいと言っているのではない。むしろ外れ値の方が差別化されており、かつ付加価値があり、ビジネスとしての価値は高いケースが多い。そして、市場の収束価格、あるいは将来の均衡価格を正確に把握した上で、いかに適切な戦略によって、他と競争優位あるポジションをとるかが、リスク資産ビジネスの本来の姿であるはずである。

理論的な均衡値を想定せず、いくら経験値があるといっても、勘と度胸だけで行う価格付けは、投資ではなく投機（リスクが高すぎる）と言わざるを得ない。

ただし、投機が市場にとって「悪」であるわけではない。投機が市場のダイナミズムの源泉であることは、すでに見てきたところである。市場にはインベスター（投資家）、スペキュレータ（投機家）、ヘッジャー（保険）というプレーヤーが必要である。

保険は、リスクがとれない人からとれる人への移転ツールである。本来、大きなリスクがとれる人は限られていた。しかし、高度に進んだリスク移転・分散の技術は、これを非常に不明確にした。どんなリスクがどのように移転され、分散されているかを監視する機関がないのが、今のグローバル経済の特徴でもある。

11　市場のパラダイムチェンジ

投資哲学・知識に対する需要の低さ

１９８８年のバブル経済下の日本では、理論的に市場の均衡を予測できるプレーヤーが少なかった。逆に言えば、当然不動産投資論や投資哲学に対する需要もなかった。

アメリカのファイナンス専攻の大学あるいは著名なＭＢＡでは、不動産投資論の課程を持っているところが多い。しかし日本の市場では従来、そのような不動産投資論の知識あるいは投資に対する哲学を持ち得ないままファイナンスの最高学府を出た人たちが企業のトップとなり、収益あるいは純収益の何倍もある規模の不動産資産をマネジメントしていた。

今では、リスクマネジメントに関する解説本のほとんどには、従来の縦割りの財務経理組織ではなく、法規、総務、資産管財を統合した組織の必要性を説いている。つまり、リスク管理はアセットマネジメントを通じてなされるべきであり、財務だけが独立した聖域ではないというものだ。

それは企業の財務責任者ばかりではない。チキンレースに狂奔するビジネスプレーヤーこそ、理論・知識を持ち得ないゆえに、その臆病なハートで市場競争を繰り広げていたのである。

市場を席捲したハゲタカのビジネスモデル

１９９０年代後半、不良債権処理に苦しんでいた時代、海外のリスクマネーを運用するファンドが日本の投資市場に参入してきた。

「ハゲタカ・ファンド」と呼ばれるものである。

リスクマネーの運用ファンドの英語名は「プライベート・エクイティ・ファンド（Private Equity Fund）」である。これが「ハゲタカ」と命名された諸説としては、市場で急速に弱っていく企業を市場の上空から円を描くように探して買収していく様子から来ているようだ。あるいは、ハゲタカは動物の死骸を一片の肉も残さず食い尽くすところから、外資のファンドをこのように呼称した等の話がある。

つまり当時の日本市場が、急速に弱体化していき、再生ビジネスの宝庫であったことを意味している。

そしてリスクマネーは、ディストレス・アセットを投資の対象として、リスクポジションを戦略的にとる。ディストレス・アセットとは「痛んだ資産」を意味し、１９８０年代末に地上げを行って失敗した土地の一団、債務超過に陥った企業体等、当時の日本では不良債権の対象となった資産を意味する。

そして、連日新聞紙上を沸かせたのが、不良債権の「バルクセール」であった。銀行に公金を注入した挙句に、債権想定元本の１／５、１／10で、債権が外資ファンドに売却されたのである。

この１／10の評価は、リスクを評価する資本コストの考え方から割り出されたものである。

「資本コスト」とは、前述のファイナンス理論CAPMに基づくものである。

投資では、リスクを評価したリスクプレミアムに相当する期待収益率が要求される。つまり、資本を調達するには、それが自己出資であれ他人の出資であれ、調達コストが必要となる。そしてそのコストは、市場で通常要求される期待収益率となる。資本コストに想定されるプレミアムリスクには、さまざまなリスクが織り込まれる。図表2-16にあるように、これらをすべて積み上げている。

例えば、東京・新宿に、地上げを失敗した土地があるとする。

このディストレス・アセットに投資をするには、どのようなリスクがあるだろうか。

虫食いの土地を購入して、地上げをしなおし、あるいは現在の土地の範囲で加工して、市場で売却して投資利益を回収しようとする。例えば賃貸マンション、分譲マンションにして市場で売り抜ける。そのためにはビジネスリスク、市場リスク、リーガルリスク、あ

図表2−16

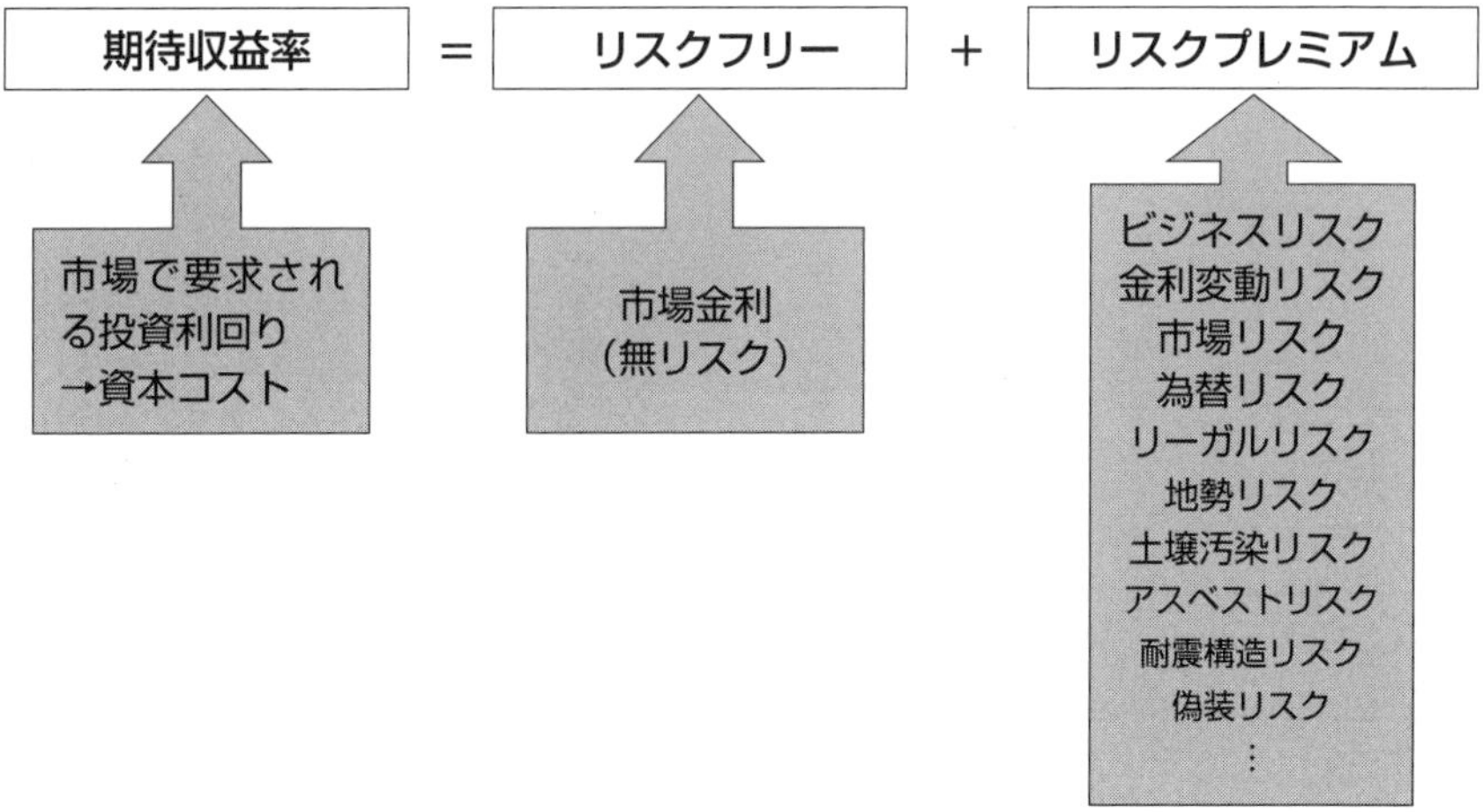

るいは土壌汚染リスク、既存の建物のアスベストリスク等もあるかもしれない。そして最後にアメリカに引き上げる時の為替リスク等が考えられる。

これらすべてのリスクを見積もり、なおかつ事業として成功して、市場で売り抜けられることが必要となる。

このようなリスクをすべて適正に評価し積み上げ、仮に40％のリスクプレミアムになったとする。要求する資本コストは40％ということになる。そして、この事業投資の期間が3年必要とする。3年後この事業をやり遂げると、市場でこのディストレス・アセットが30億円で売れるとする。この場合、3年後に得るキャッシュフロー30億円の現在価値ＰＶは、

$$PV = \frac{30\text{億円}}{(1 + 40\%)^3} = 10.9\text{億円}$$となる。

さらに何らかの問題が生じて出口が5年後になるとすると、ＰＶは約5億円になってしまう。これがディスカウント・キャッシュフロー（ＤＣＦ）評価と呼ばれるものである。

このような事業投資モデルには、ディストレス・アセットを再生するのに要する資本コストの見積手法つまりリスク評価の手法、痛んだ資産を再生するあるいはバリューアップする技術、そして出口（exit）戦略の考え方が必要となる。

出口戦略の重要性

出口戦略とは「いつ、どこで、どのようにして」資産を売却して売り抜けるか、キャッ

【参考】

$$PV = \frac{CF}{Rf + Rp}$$

※詳細は第３章参照。

シュインを実現するかという戦略である。言葉としては市場で氾濫しているが、日本では実際にはまだまだ実践しにくい投資環境といわざるを得ない。

第1章でみた、衰退する商店街を思い出してほしい。商店とは、一般事業投資である。この事業投資に出口を想定していないとすると、長年事業に従事し続けて、いずれ若き企業家は歳をとり、市場ニーズに応えることができなくなり、廃れた商店となってしまう。今では日本のどこでも見られるシャッター商店街の姿である。

このような高齢者の事業店主に補助金を付けて、新しい市場ニーズに合った現代的な経営を押しつけても、本当に社会的存在意義がなければ、ただの不良債権になるだけであろう。市場で通用しなくなったビジネスモデルをゾンビのごとく生かし続け、永遠に融資を繰り返すという、かつての不良債権増殖の構図である。

ここで、当初から自分のビジネスモデルが市場で劣下することを想定した出口戦略が考えられていれば、早くに市場から撤退し、また商店街としても新しい企業家の参入を呼び込むことができたはずである。

一般事業の出口戦略は通常、跡継ぎへの相続、後継者への禅譲、それができなければ売却、清算ということになる。今の日本でもっと難しいのが、法人の清算である。

日本の税制上では、法人は資産が適正に売却されず残ってしまうと、その清算は難しい。地価の上昇が見られるような都心であれば良いが、地価が下落しているような地方であれば、無理な資産の売却は、長年の富の蓄積をすべて吐き出してしまうどころか、借金が残るような事態になりかねない。実際、清算ではなく、破産による出口となるケースが非常に多い。

日本では、企業の「ゴーイング・コンサーン（Going Concern：永遠に継続する）」という概念が曲解されており、出口戦略をとることを、一番儲かったところで持ち逃げをするかのごとく考えられる。

市場で出口戦略を口にする人は多いが、実際の市場には、出口のための選択肢が少なすぎる。このような市場は出口が難しい市場とみなされ、このような市場への参入自体が躊躇されることになる。

第3章

ビジネスの市場循環

1 期待収益率と景気循環

期待収益率の関係式

市場の循環を解説するにあたり、まず、ファイナンスの教科書で教えられる期待収益率について、リスクフリーレート、リスクプライムレート、成長率を使って考えてみる。

市場の代表的な指標として、もう一つ「キャップレート」がある。キャップレートを上記のように定義する。キャップレートとは、市場における不動産取引価格の収益指標である。

$$\text{キャップレート} = \frac{\text{N O I}}{\text{資産価格}}$$

市場で取引される不動産資産は、そのキャッシュフローも違えば資産規模も違うため、これを取引価格で比較しても明確な違いが得られない。したがってこの場合、キャップレートで比較することになる。また時には、キャップレートが市場のベンチマークになることもある。

一般的に実務では、収益概念を表す言葉として「期待収益率」、「キャップレート」等が区別なく使われることが多い。

しかし厳密に定義すると、期待収益率は「インカムゲイン」による収益率と「キャピタルゲイン」による収益率を合計した「総合収益率」になる。

これに対してキャップレートは、家賃収入から管理費等の経費を控除したＮＯＩ（Net Operating Income：純収益）を市場で取引された資産価格で還元したものであり「還元収益率」「イールド収益率」ともいう。次の式では、インカム収益率ｒがキャップレートになる。

期待収益率Ｒ＝インカム収益率ｒ＋キャピタル収益率ｇ

第2章のファイナンスの均衡式では、次のように表された。

期待収益率Ｒ＝リスクフリーレートRf＋リスクプライムレートRp

この2つの式をつなげると

インカム収益率ｒ＋キャピタル収益率ｇ
＝リスクフリーレートRf＋リスクプライムレートRp

となり、「インカム収益率＝キャップレート」であるから

キャップレートｒ＝Rf＋Rp－ｇ

となる。

これに収益還元法（直接還元法）の考えを導入すると、等式①のようになる。

したがって、資産の現在価値ＰＶは等式②で表される。

キャピタル収益率ｇは資産自体の値上がりを指し、「成長率」と表現されることがある。地

【等式①】

$$\text{市場の資産の収益還元評価} = \frac{\text{キャッシュフロー}}{\text{キャップレート}}$$

【等式②】

$$PV = \frac{CF}{Rf + Rp - g}$$

価が値上がりすれば、キャッシュフロー（CF）の利回りは低くなる。したがって成長率は、キャップレートに対してマイナスの調整として働く。

この成長率は、実際には期待値として機能し、期待が過大評価されると分母を大きく減らし、小さいとほとんど影響しない。分母がマイナスになることはないため、「$Rf + Rp > g$」と考える。

したがって本来、$PV^{*} = \frac{CF}{Rf + Rp}$ が確認され、その後gが調整されるが、成長率を期待値として織り込むことになる。

1980年代後半のバブル経済

バブル経済では、日米協調政策の下で非常に低い金利政策がとられていた。さらに「リスク」という概念が、市場にまったくなかったともいえる状況であった。

つまり、市場金利のベースとなるリスクフリーレートが非常に低く、リスクが過小評価され、リスクプライムレートも非常に低かった。さらに右肩上りの土地神話がはびこり、成長率が期待値で過大評価されると、その結果、市場で要求されるキャップレートが低いものにまで投資が進んだ。一方、家賃から得られるキャッシュフロー（ＮＯＩ）は、右肩上がりのファンダメンタルズ（基礎的要素）の成長以上に拡大していた。

このように、分母のキャップレートが小さく分子のＮＯＩが拡大する状況では、等式①・②から、資産の評価額ＰＶが非常に大きく拡大し続けた。このため、皆が競争して資産購入（投資）に狂奔した。右肩上がりの地価上昇は土地神話ではなく、明確な市場メカニズムによるものであった。

バブル経済破綻後のデフレ経済

バブル経済の破綻後、市場に多くのリスクが顕在化した。

市場リスク、ビジネスリスク、金利変動リスク、為替リスク、リーガルリスク。細かいところで土壌汚染リスク、アスベストリスク、耐震・耐火偽装リスク……。

極端な話であるが、市場で起きる問題にすべて「リスク」という言葉を付けて説明すれば、〝即席リスクマネジメントの精通者〟になれる状況ですらあった。しかもバブルのトラウマに怯え、これらのリスクを過大評価するアナリストたちが重宝がられた。

一方、デフレ経済によって賃料も縮小し、キャッシュフロー（ＮＯＩ）が小さくなった。このように等式①の分母が大きくなり分子が縮小する状況では、資産は過小評価される。この過小評価が低い成長率を予想させ、誰も投資市場に参加しようとはしなくなる。

これが、市場から投資家が姿を消した「失われた10年」と呼ばれる状況であった。

各市況局面におけるリスク資産の現在価値を等式①の分子のキャッシュフローと分母のリスクフリーレート（＋）、プレミアムリスク（＋）、成長率（－）で考えると図表３‐１のようになる。

この図表３‐１において、バブル経済の市場局面Ａを出発点とすると、以下のように説明できる。

↓
B：市場に過熱感が出てきてリスク感が出てくるが、依然として市場金利が低く、期待値gも大きいため資産評価PVは大きい。
↓
C：バブルを退治するため政策金利が急上昇する。
↓
D：市場で非常に高い期待収益率を要求されるようになる。期待値gが不確実になる。資産評価が成長しなくなる。
↓
E：景気調整局面に入り、キャッシュフローが一気に収縮し資産評価が一気に収縮する（前述のデフレ経済の状況になる）。
↓
F：後退した景気を刺激するために政策金利が低くなるが、依然としてリスクが非常に高い状況にあり、期待値は非常に小さくなる。資産評価が成長しにくい。低金利政策をとっても資産デフレが止まらない。
↓
G：新しい再生ビジネス等の技術革新が起こり、リスクが新しいビジネスチャンスとなる。リスクが低下し始め、一部で新しい均衡が

図表3－1

	キャッシュフローCF	リスクフリーレートRf	リスクプレミアムRp	成長率（期待率）g	資産評価額PV
A	大	低い	低い	非常に大きい	非常に大きい
B	大	低い	高い	大きい	大きい
C	大	高い	低い	大きい	大きい
D	大	高い	高い	不確実	変化なし
E	小	高い	高い	非常に小さい	非常に小さい
F	小	低い	高い	非常に小さい	小さい
G	小	高い	低い	小さい	小さい
H	小	低い	低い	不確実	変化なし

生じ、期待値が小さいながらも生じる。しかし、まだキャッシュフローが小さく資産評価も小さい。

↓H：金利が下がり、リスクも下がると高い期待収益率が要求されなくなり資産家が市場に戻り始め、投資が活発化し、期待値も上がってくる。市場の資産評価の下落が止まる。

図表3-2は、日本の代表的なエリアである東京都新宿区商業地の地価公示変動率の軌跡を表しており、地価の成長と調整の循環変動が観察できる。

第2章で紹介した4象限価格均衡理論あるいは期待収益率の景気循環論からいえるのは、「好景気が不景気の起点となっている」ということである。

不動産投資市場の景気循環サイクルには、好景気に過剰投資が生じ、この過剰が大きければ大きいほど調整も大きくなるという特長を持っている。これがバブルである。

図表3－2　地価公示変動率（東京都新宿区）

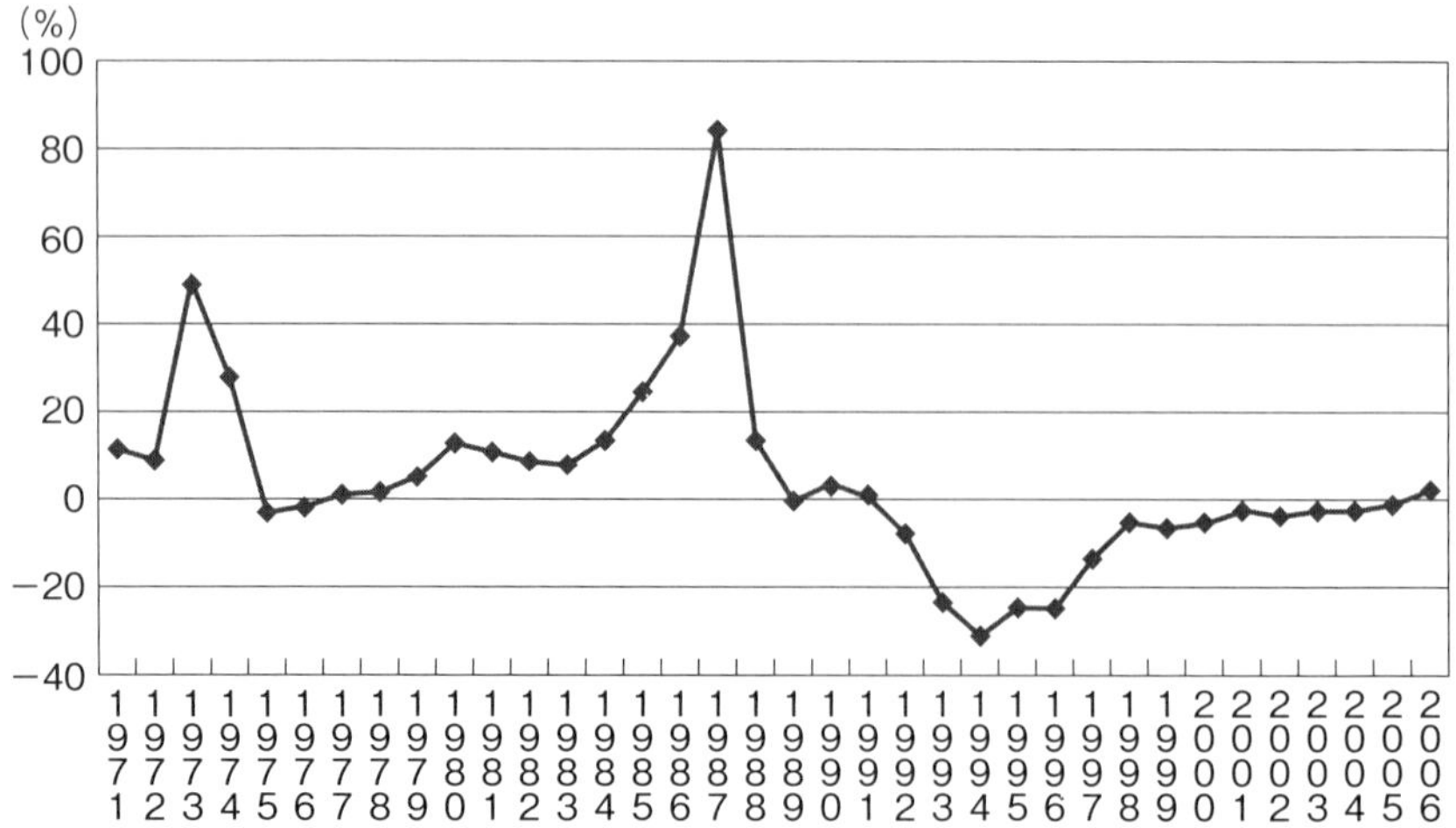

※土地情報センターによる地価公示を元に筆者作成。

2　不動産投資ビジネスサイクル

不動産ビジネスの分業化

1980年代のバブル経済までは、不動産市場のビジネスプレーヤーは不動産屋であった。つまり「不動産屋」という一つの業態が、ソーシング（物件発掘調査）からバリュエーション（評価）、インベストメント（投資）、プロパティマネジメント（物件管理）、アセットマネジメント（ポートフォリオ管理）までのすべてを行っていたのである。

それがバブル経済以降、市場のニーズに合わせて、ビジネスが高度に分業化されていった。まず投資、運用、管理、調査、評価、アドバイザリーといった専門の不動産業態が登場し、さらにこれらが一般個人からプロまでの顧客対象によって、それぞれ分化していった。

特に2000年以降のIT技術の普及により、カスタマーリレーションシップ（関係協調）に関する業務において、IT技術を持てる業者と持てない業者に格差が生じるようになった。IT技術が経営資源として、明確なポジションを持ち始めたのである。

アダム・スミスの「神の見えざる手」

18世紀、哲学者であり、経済学者であるアダム・スミス（1723‐1790）は1776年に「富国論」を著し、近代経済学の祖とされた。

彼の言葉「神の見えざる手」は、あまりにも有名である。

「パン屋は人に対して博愛をしようとしているのではない。自分が儲けたいためにパンを作り商売をしている。」

つまり、自分の利益を追求する行為を通じて、社会全体に利益をもたらしているのである。それは意図していなくとも、結果的に「神の手」に導かれて公益を作り出しているという意味である。

アダム・スミス「国富論」の中で著されているもう1つの重要な概念が、「分業」である。優位性を持つ生産に特化することによって、労働生産性が上がり、経済成長が可能となるとしている。得意な分野に専念する高度な分業こそが資本の蓄積を生み、市場を拡大させるという考え方である。

国同士が優位な分野に特化することは自由な貿易に徹することを意味し、アダム・スミスはこれを奨励し、保護貿易を批判した。これは産業革命前のイギリス保護貿易の象徴ともなる東方貿易経済の理論的なよりどころであった「重商主義」に対する批判でもあった。

しかし、市場の本源的な資源である土地の量、人口、あるいは気候等の強制的な限界によって、成長はやがて収縮する。資本の蓄積によってもたらされる市場の利潤は、やがて地代と賃金の上昇に吸収されてしまい、利潤、資本の蓄積、市場の拡大がゼロになってしまうと考えられた。経済が「市場の成長拡大」という概念で説明されていたが、成長の制約に突き当たったわけである。

これに対して、近代経済学の礎となる「均衡概念」が登場することによって、新しい成長概念が登場する。1800年代末、経済の理論に数学が持ち込まれ、需要、供給と価格が関数を使って説明されるようになった。関数とは等式（＝）を意味し、例えば「Y＝aX＋b」は、要素Yと要素Xがaとbの関係で「均衡」することを求められるモデル式となる。

1800年代後半のレオン・ワルラス、1900年代初頭のケネス・アローそしてケインズ、シュンペーターと引き継がれる均衡経済学の始まりである。

シュンペーターの唱えたイノベーション

景気循環を推し進める要素として、「技術の進歩」がある。

市場で新しいニーズが顕在化し、これに新しい技術革新で応えることによって市場は成長する。これが近代経済学であれマーケティングであれ、同様の市場のメカニズムである。

20世紀における経済学の巨匠J・M・ケインズと時代を同じくする経済学者J・A・シュンペーター（1883－1950）は、企業の利潤を生むのは「労働」でも「資本」でもなく、企業家による不断の「技術革新（イノベーション）」であるとした。

彼にとって均衡状態は、利潤、資本の蓄積、成長がゼロになった「定常状態」を意味し、そこで起きる技術革新こそが新たな利潤をもたらし、さらなる技術革新を引き起こし、これらの企業活動は銀行借入れを通じ市場に好景気をもたらすと考えた。新しい均衡に向かって動き出すことが、「成長」を意味するわけだ。技術革新は他の企業に普及するとともに、やがて利潤が低下し成長が消滅する均衡状態に到達する。

シュンペーターの「均衡」概念は経済循環の起点であり、技術革新によって均衡から新しい均衡へと移行する。このような静態（均衡）から動態（次の均衡への移行）へ移るには、既存の循環トレンドを破壊して、新しい循環トレンドを作り出す必要がある。これが彼の言う「創造的破壊」であり、資本主義経済システムにおけるダイナミズム（力強い変革創造の力）の本質であるとしている。

シュンペーターの指す技術革新は商品に限らず、企業組織、ビジネスモデルすべてを意味すると考えられる。

これまでに紹介した、１９６０年代のアメリカの年金破綻による分散投資のニーズに応えたモダンポートフォリオ理論、より高度な収束価格の概念を生み出した金融工学的手法、あるいは日本の戦後最大の消費経済をもたらした「カラーテレビ、クーラー、車」の３Ｃ、平成いざなぎ景気超えをもたらしたデジタル情報革命等等、新しい市場ニーズに応えた技術革新が新しい均衡への誘因（インセンティブ）となり、それらが市場の成長をもたらしてきた。

第２章で登場したケインズの一般均衡モデルは、有効需要を新たに作り出すことによって市場機能の健全化（完全雇用市場）を実現し、市場に均衡をもたらす実践的なものであった。

しかし現実には、不景気な時に有効需要を創造するために借金をした財政赤字が、好景気には税収により補填することができなかった。

これは一旦「公共事業」という名の財政支出を政治家に与えると、それを利権化してしまうという政治的な稚拙によるものであり、結果的に単なる借金による景気テコ入れでしかないという批判を免れ得なかった。

これに対してシュンペーターの示す技術革新は、供給側（サプライサイド）の構造改革そのものであった。

人は原始狩猟時代に薪（まき）を拾って火を起こした。その後人類の進化とともに、石炭、石油へとエネルギー開発が進められることになる。

しかし石炭が登場したのは、薪がなくなったからというわけではない。薪が少なくなり効率が悪く、成長が限界に近づくことによって、石炭を登場（イノベーション）させたのだ。また同様に、石炭がなくなったから石油が登場したのではない。石炭の限界効用が悪化することにより石油開発が推進したのである。

そして現在、石油が少なくなる予測、あるいはその効率が悪くなったことにより、代替エネルギーの開発が進みつつある。市場の長期の均衡あるいは均衡の付近で、技術革新が新しい技術を生み出し、大きな成長をもたらす。ケインズの理論が短期的な需要面の均衡モデルであるとしたら、シュンペーターの均衡モデルは供給面（サプライサイド）の長期的な均衡概念である。

ケインズ経済による政策運用の限界

サプライサイドの政策は理論的には理解できるが、従来の政治家による実践的な政策にはなりにくかった。それは、これが目に見える政策ではなく、また政治的パフォーマンスが弱いためであった。

戦後ケインズ経済政策によって大いなる成長を遂げたアメリカであるが、常に過剰の需要を求める傾向にある需要サイドの経済政策はインフレを生み、さらに不景気下のインフレという

「スタグフレーション」に直面した。

この世界的に蔓延しつつあるインフレを退治できないケインズ経済政策に代わり、サプライサイドに主体を置いた政策が登場したのである。

それがレーガン大統領（任期1981－1989）のレーガノミクスであり、イギリスのサッチャー首相（任期1979－1990）によるサッチャーイズムであった。これらはいわゆる「小さな政府」による新自由主義である。

現実にバブル経済破綻以降も財政支出に重きを置く経済政策をとってきた日本と、情報技術の革新的技術を生み出してきたアメリカとの差を見れば、その功罪は明らかである。

日本ではバブル経済崩壊後、デフレ経済からの脱却を意図して赤字国債を発行し続け、財政支出を拡大した。それにもかかわらず、ケインズの一般均衡理論にいわれるように、バブル経済になされた過剰投資の結果である余剰生産能力（人、設備）に見合う有効需要を十分に作り出し、本格的な好景気を作り出すことはできなかった。

それはデフレ経済が中国と日本との経済パフォーマンスの裁定により加速され、市場に完全雇用等の均衡をもたらすために必要とする財政支出は、日本国内だけでなく、中国沿岸部からさらに内陸部に広がる膨大な労働力を相手に、その裁定機会を解消するものでなければならなかったからである。

本来、国家間の経済パフォーマンスの裁定機会は、為替によって解消される。自由な為替機能が働けば日本側で円安になり、中国側で元高になるわけだ。しかし、為替が固定されている等の機能障害があると、通貨による裁定機会の調節がなされず、国家間の経済パフォーマンスの裁定がさらに進む。日本での財政支出を減らし、過剰支出・過剰生産能力を償却して、新しい経済システムを構築しようとするサプライサイドを意識した経済政策が本格的に機能するには、小泉政権（任期２００１‐２００６）下の構造改革を待たなくてはならなかった。

バブル経済の不動産ビジネス市場のサイクル

では、近年の不動産ビジネス市場の景気循環において、何が循環を作り出し、何が循環を停滞させたかを見てみよう。図表３‐３は、１９８０年前半から１９９０年のバブル経済破綻までの市場循環をイメージしている。

１９８０年代初めから、不動産投資市場に魅力を感じた多くの投資家が、果敢にリスクにチャレンジし、市場に参入し

図表３－３　バブル経済破綻までの市場循環

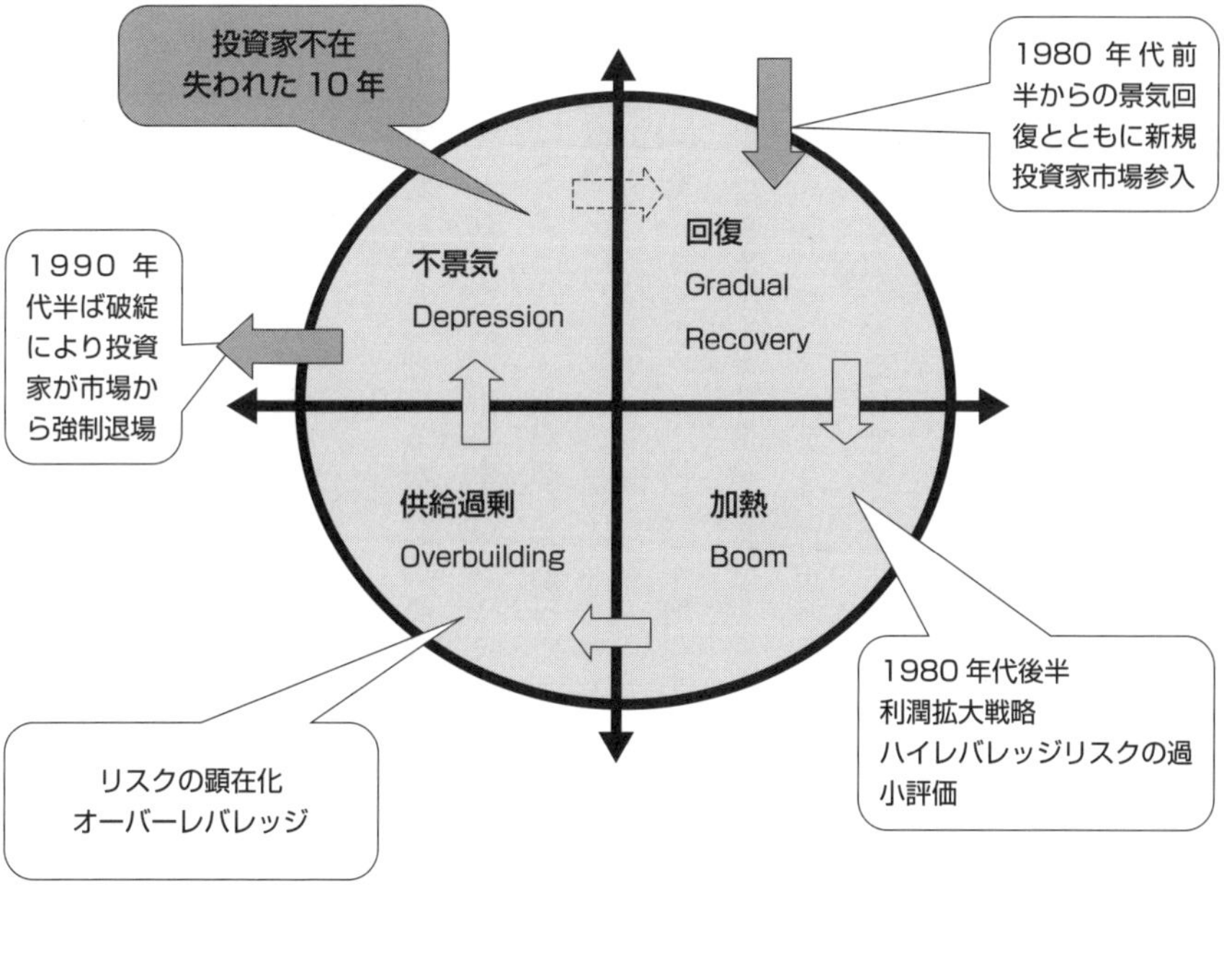

た。彼らは右肩上がりの成長を妄信してひたすら利潤拡大を目指し、高いレバレッジ（増幅効果）を利かせた。

やがてオーバービルディング状態になり、景気の過熱が容認できなくなると、政策的な市場への資金供給の制限、金利上昇、市場への監視制度による規制介入により、景気循環が強制的に制御され始めた。これによって収益が劣下し、高いレバレッジ（増幅効果）を用いた不動産ビークル（投資主体、器）が破綻し始める。

不景気局面に入ると、これらの投資家が市場から退場させられる。ところが新しい投資をすべて止めてしまい、不良債権が塩漬けされそのまま先送りされたため、市場からダイナミズムがなくなってしまった。新しい技術も生まれず、新しい投資家の呼び込みができなかった。技術革新が喪失し、市場の循環が止まる「失われた10年」の始まりである。

その後、デフレ経済からの脱却を目指して、政策的に市場に多くのマネー供給量を増やす政策がとられた。経済理論からすると、金利を低くして市場にマネーを多く供給すれば、投資が誘発されるはずであったが、こうした資金の有効活用が起きなかった。つまり、日銀と市中銀行の間をマネーが回るだけで、銀行から先の市場に出ようとしなかったのである。

ケインズ経済学で説明される流動性選好が、「流動性の罠」という言葉で説明された現象である。

金利が一定以上に低下すると、市場が流動性（現金）を選好して投資が進まなくなる。「なぜマネーが銀行から先に循環しないのか」という点には関心が持たれなかった。日銀の金融緩和政策により銀行にあふれたマネーは、市場のリスクある投資に向かうことを止め、リスクのない国債で運用された。地銀がこぞって預金の運用先として国債を買ったのである。この状況が実に10年間続いた。

不良債権の再生のはじまり

確かにケインズ経済学の言うとおり「市場が流動性を選好した」わけだが、それは一体なぜか。

第2章でみたとおり、ファイナンスの等式では「市場の期待収益＝リスクフリーレート＋リスクプレミアムレート」と表された。

金利を０に限りなく近づけても、市場にリスクが多くプレミアムが高ければ、投資を行っても、高い期待収益率が要求される。しかし当時、それほど高い収益率を実現する投資案件はほとんどなかった。すなわち投資するより、リスクの少ない流動性を確保していた方がよいということになる。であるならば、この時必要となる政策は、市場のリスクプレミアを下げることと、リスクに打ち勝つ新しい投資技術のビジネスモデルが生まれるためのイノベーション推進政策であったはずである。つまり、技術革新への期待である。

１９９０年代後半、海外からリスクマネー（ファンド）が登場し、新しい再生技術を持ったプレーヤーが外部から市場に参入し、これらの技術が紹介された。図表３‐４における回復局面への移行である。日本型の不良資産を再生するビジネスモデルであるディストレス・アセットマネジメントが実践され、資産の流動化に関する法律が整備された。

１９９９年、日本で国内不動産資産ＳＰＣ（特定目的会社）第一号となる高輪サービスアパートメントが東京建物によって組成された。これは築約20年、1980年当時に建てられた通常の賃貸マンションに比べて、ハイオペレーション物件（単なる賃貸アパートでなく、サービスカウンターをつけた付加価置の高い高業務（オペ）に基づく、逆に言えばリスクの高い投資物件）である。

設定期間7年、特定社債を3つのトランシュ社債A（5億円、1・75％格付けA）、社債B（20億円、2・74％格付けA）、社債C（5億円、3・69％格付けBBB）に分け、社債合計30億円と優先出資証券35億3000万円で、65億3000万円が調達された。特定社債は一括住友生命が購入し、優先出資は全額東京建物が引き受けた。その後の流通に関しては公表されなかった。格付け会社S&P、サービサー東京建物、トラスティ富士銀行（現みずほコーポレート銀行）となっている。

この案件の登記書類を調べてみると、当該物件は55億5750円で特定会社が買い受けた資産に対して、65億3000万円が調達されたことによる。この差額が当時の証券化コストになったと考えられる。高度なプロパティマネジメント、リスクマネジメントを駆使して、それに対して非常に高いコストを支払いながらも、非常に信頼性の高い収益を実現する。これに高いレバレッジを利かせて高い収益を実現するのが、ハイレバレッジ不動産投資の特徴である。

さらにオフバランス・流動化の手法もいろいろと選択肢でき、また投資の受け皿となるさまざまな投資ビークル（主体・器）の組成が可能となった。信託法の整備が進み、受益証券による資産の流動化が効率性を高めた。SPC（特定目的会社）だけでなく、さまざまな組合が利用可能となった。不動産資産投資運用のための信託関連の法も整備され、いよいよ日本版RE

ＩＴ産業、ファンドビジネスの登場である。

新たなサイクルの循環始動

図表３‐４を参照すると、バリューアップ戦略等のプロパティマネジメントの技術が登場し、再びハイレバレッジ不動産投資が可能となった。２００５年頃になると、他の資金運用市場が低迷している中、その市場の資金が代替的に、不動産投資市場へ大量流入してきた。

やがて市場では過熱感が出てくるようになり、ハイレバレッジ（増幅効果）投資を維持するための高い収益が強く市場で求められるようになる。投資対象が、リスクの低い賃貸マンションやオフィスビルから、サービスアパートメント、ホテル等のハイオペレーション投資へと移行していくことになる。

図表３－４

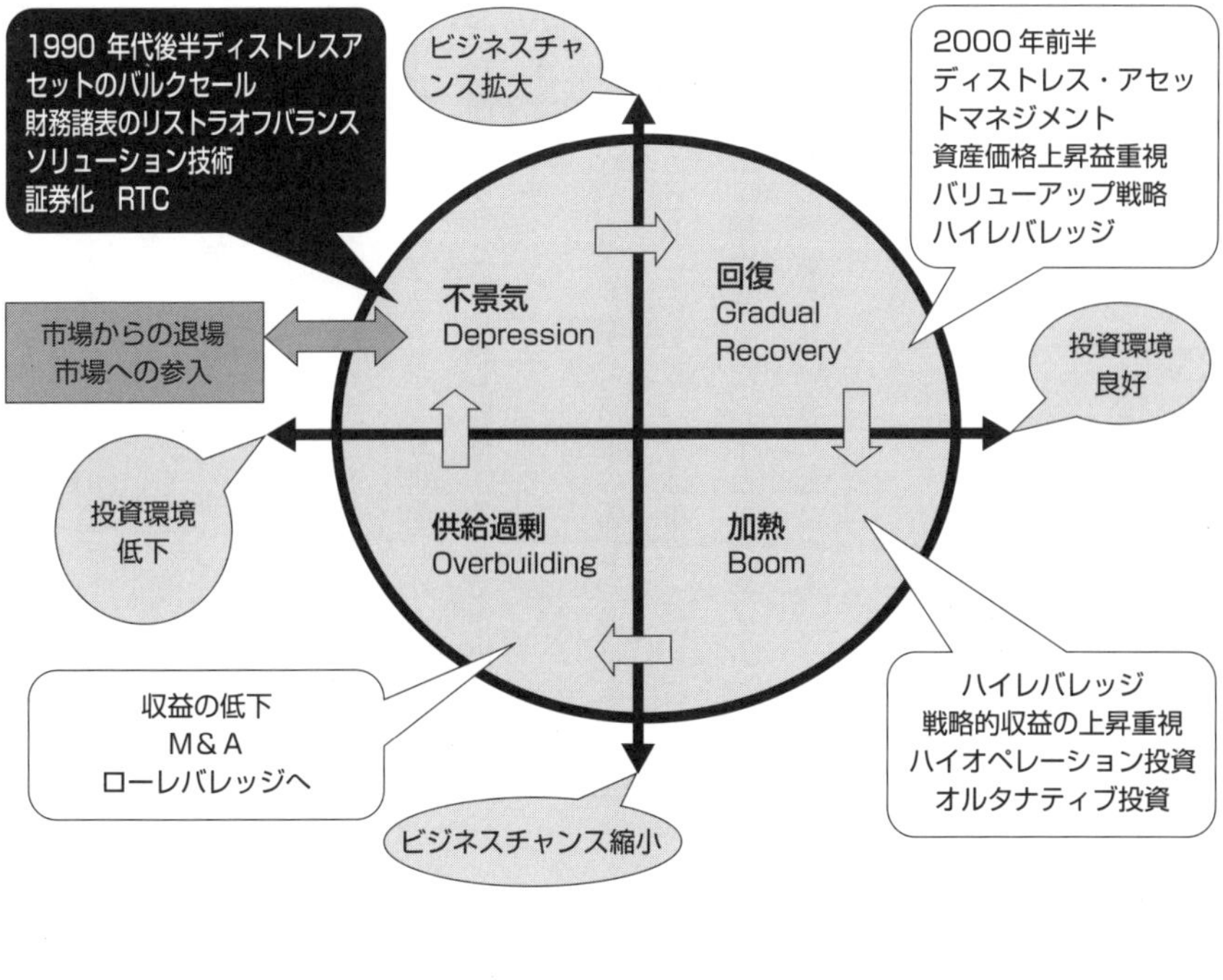

一部の市場では過剰投資が顕在化し、やがて調整局面に入るところが出てくるが、前回のバブル破綻と違うところは、今回の景気循環に乗り遅れた投資家たちが、市場の外で待機しているという点である。

「土地の購入を考えていますが、土地は今度いつ安くなりますか?」

という質問が、現場で頻繁に聞かれるようになった。

通常であれば「地価が下がる」ことは大きな市場リスクであり、嫌われるものだが、それを待ち望む新たな投資家が待機している市場では、市場のプレミアムリスクが非常に小さくなる。

このような市場リスクの低下は、たとえリスクに直面しようとも、新しい技術革新で市場ニーズに応えることができるという自信の現れにほかならない。

シュンペーターのいう「均衡状態から新しい均衡に移行することが、市場の新しい成長を創造する」とは、均衡価格あるいは収束価格に固執することをよしとするのではなく、むしろ均衡からいかに乖離するか、そのための革新こそが健全な市場循環をもたらすという考え方がビジネスのスタートアップであり、市場の新しいダイナミズムであるということである。

デフレ脱却から学ぶべきこと

失われた10年あるいは15年ともいわれた長期にわたるデフレ経済から脱却し、地価が反転した要因は分析され、さまざまな見解が示されている。

まず挙げられるのが、自動車等の輸出産業の回復が、東京以外で高い収益をもたらし、地価回復の起点となったという点である。

これは財政投資による経済政策をとると、公共投資により内需が回復し、金利の上昇が起こり、円高になる。ただし、そもそも財政投資の財源もなく、円高になれば輸出産業も低迷してしまう。

そこで逆に、金融政策により低金利を維持することによって円安を続け、輸出産業を活況にさせたわけだ。実際にトヨタ自動車をはじめとする輸送機器産業を浮上させて、東京以外の一部地方でも地価を上昇させた。

もう一つ、日銀の量的緩和、短期金利ゼロ、銀行への公金注入が２００６年以降、「ようやく」効を奏した点を挙げるエコノミストが多い。

これは輸出産業を活況にさせた点では確かに功を奏しているが、量的緩和、低金利、銀行への公金注入が地価経済を回復させたとは言い難い。

そもそもどうして失われた10年後「ようやく」効を奏したのか、なぜもっと以前に効果が出なかったのかということになる。

「いつか分からないが、いずれ良くなるだろう」では、政策とはいえない。２００５年以降、東京をはじめとして各地の都心部で地価が反転し始めたのは、明らかに不動産ビジネスのイノベーションによるものである。

そして登場したのが、サブプライム住宅ローン問題である。

不動産投資のビジネスサイクルをある意味でファンダメンタルズな景気サイクルとすると、この問題は市場が突然信用を失うクライシスである。

例えば耐震偽装によって建物に対する信用がなくなり、土壌汚染によって土地に対する信用が突然失われる。このようなリスクによって突然、市場の信用が収縮する。これが「クレジットクランチ」と呼ばれる市場の危機である。

不動産投資のビジネスサイクルが、このような大きなリスクにさらされるようになってきたわけだ。

影響の大きい欧米の金融機関では、金融システムのメルトダウンを起こさないように、公金を注入し、大手金融機関の人事を更迭し、さらに中東のオイルマネーまで注入して、必死に損失処理を行っている。

これらの危機も、いずれ市場のダイナミズムの中で解決されるだろう。

第4章

デットによる成長戦略

1　投資ビークル

ステークホルダーの相乗効果で企業価値の最大化を目指す

投資ビークル（vehicle）とは、投資事業を行う「器」である。株式会社等の各種法人、ＳＰＣ、財団、ファンド、投資組合、任意の集団、投資事業体、個人、あるいはＮＰＯ、ＮＧＯも、その投資を行う事業体という意味で器といえる。

投資ビークルの構造は、アセット（Asset）、デット（Debt）、エクイティ（Equity）という３つのセクターからなる。

そしてこれらのセクターには、それぞれの利害関係者が存在する。資産を直接運用する経営者・従業員、間接に運用する取引先、資産が立地するコミュニティ等からなるアセットホルダー。外部から資金を融資する銀行あるいは社債権者等のデットホルダー。各出資者からなるエクイティホルダーである。

これらの利害関係者を総称して「ステークホルダー」という。

投資ビークルはこれらの利害関係者が、それぞれの職分に応じ投資ビークルに貢献することによって、投資成果である収益を手にすることができる。そのため、ステークホルダーは市場ニーズに応える絶え間ない技術革新を行い、競争優位ある技術で貢献する必要がある。その技術がそれぞれアセットマネジメントであり、デットマネジメントであり、エクイティマネジメントである。

投資ビークルの基本的構造には、まず、運用したい自己資金があり、この資金を使って事業投資を行う。

例えばトヨタ自動車等のような自動車事業であれば、工場、営業所等の資産を購入して車を製造し、販売して収入を得る。不動産投資であれば不動産資産を購入して運用し、賃料を得る。

しかし、自己資金だけでは規模が小さいため、効率の良い運用を目的として、銀行から融資を受け、海外に工場・営業所を作る等、事業を拡大していく。あるいは不動産資産を追加購入してポートフォリオを組成し、家賃収入を拡大する。

そしてその収入から各ステークホルダーに対し、アセットホルダーには給与・経費・代金・固定資産税が、デットホルダーには金利が、エクイティホルダーには配当が、といったように、各々の貢献に応じて報酬が支払われる。

「企業（投資事業体）は誰のものか」という議論

図表４－１　投資ビークルの構造

アセットホルダー………従業員、取引先、コミュニティー

デットホルダー…………銀行、社債権者

エクイティホルダー……出資者、株主

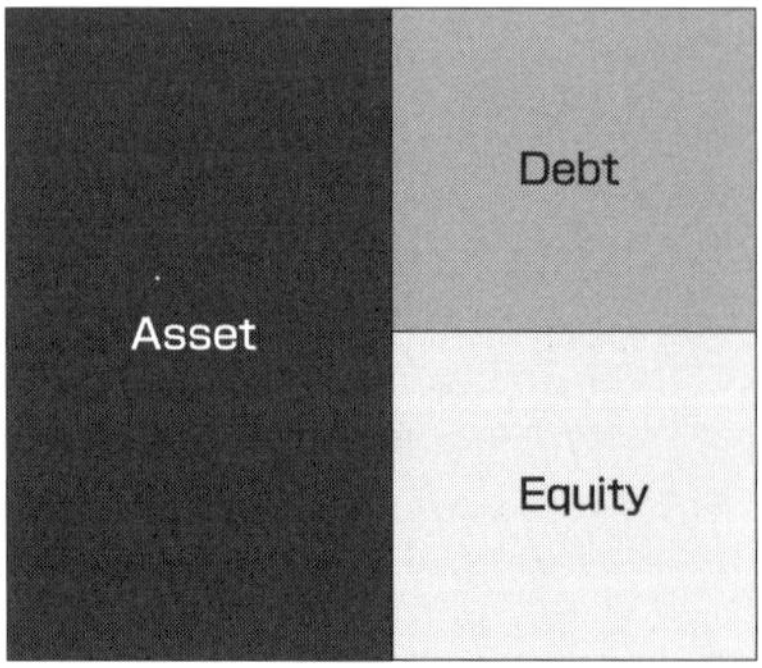

・アセット（Asset）
不動産資産、営業備品
製造資産、棚卸商品
Working　Resource

・デット（Debt）
銀行融資、社債
（公募、私募ボンド、ノート）

・エクイティ（Equity）
優先出資、普通株式

があるが、投資ビークルにとっては、各ステークホルダーによる貢献が一つでも不足すれば、企業（投資）価値の最大化は望めない。

ファイナンスの歴史においては、「投資ビークルは誰のものか」という議論より、「各ホルダーの技術革新がどのように投資ビークルに貢献して相乗効果を生むか」という議論の方が、投資成果・市場の成長に寄与してきたといえる。

企業ファイナンスの教科書では、「それぞれのステークホルダーの価値が最適になる時、企業価値の最大化が実現する」としている。ここでいう「企業価値の最大化」とは、最終目標となる。

「パレート最適」という考え方でいうならば、「他の利益・効用を減らさない限り、新規にどの利益・効用も増やすことができない状態」が最適な状態であるといえる。最適な状態とはそれ自体がある意味の均衡を指すが、それに向かってあらゆる戦略を駆使し、企業価値の最大化を目指すことになる。

企業体あるいはファンド、投資事業体等は、投資ビークルの価値を上げるために資産のオフバランス、資産のアクイジション（acquisition）、子会社化、M&A、IPO（新規上場）等のファイナンス戦略をとる。これらのファイナンスイベントを通じて、それぞれのステークホルダー間の「価値の移転」を伴いながら、その結果、全体の価値の増加が実現することとなる。

ステークホルダー間の価値の移転

ここで、図表4-2のような構成の投資ビークルを想定する。この投資ビークルが現在、リスクが高すぎ、格付けが現在ＢＢ（投資不適格）であるとする。

そこで、リスクを減らし格付けをＢＢＢに上げて、この投資ビークルの価値を上げるため、最もリスクの高い「不動産資産Ｄのオフバランス」というファイナンス戦略を行う。このファイナンス戦略によって、どのような価値の移転が起きるであろうか。

不動産資産Ｄはリスクが高い分、最も収益が大きい。したがってこの資産のオフバランスは、まずエクイティホルダーへの配当を減らすことから始まる。それはエクイティホルダーの価値の毀損につながる反面、銀行融資であるデットホルダーの価値が上がる。銀行にとっては、融資先のリスクが低くなると、融資のデフォルト引当準備金の負担が軽くなる。つまりリスク管理コストが安くなり、融資資産価値が上がる。

このファイナンス戦略はデットホルダーとエクイティホルダー間の「価値の移転」を通じて、投資ビークル全体の価値の増加を図ろうとする戦略である。

２００５年、フジテレビとライブドアとの間で、ニッポン放送の企業買収戦略が展開された。そしてこのファイナンス戦略には、多くの利害関係者が関与した。

図表４－２

〔アセット〕	〔デット〕
不動産資産A 不動産資産B 不動産資産C 不動産資産D	銀行融資 メザニン
	〔エクイティ〕 優先出資 出資

彼らは皆、このファイナンス戦略を通じて、それぞれ異口同音に「企業価値の最大化を図るために……」という大義名分を連呼したが、しかしその実態は、自分のステークホルダーとしての価値をいかに上げるかを目的としていた。

図表４・３で、それぞれの利害関係者を上げてみたが、フジテレビ内にもそれぞれの利害関係者があり、ライブドア、大口投資家、一般小口投資家にもさらにその先の利害関係者が存在する。

アセット側は、経営者や従業員だけでなく、リスナーから出演タレントまでが口先での介入を行った。またテレビのワイドショーを通じ、弁護士や証券アドバイザー等のコンサルタントが一躍有名人になった。その宣伝効果たるや、おそらく短期的な金銭では換算できないものを得たにちがいない。

ファイナンス戦略では、それぞれの利害関係者の「価値の移転」を通じて、その目的が達成される。したがって最近のファイナンス技術も、それぞれのステークホルダー間の戦略的な価値の移転を通じて、企業価値の

図表４－３　日本放送ファイナンス戦略の利害関係者

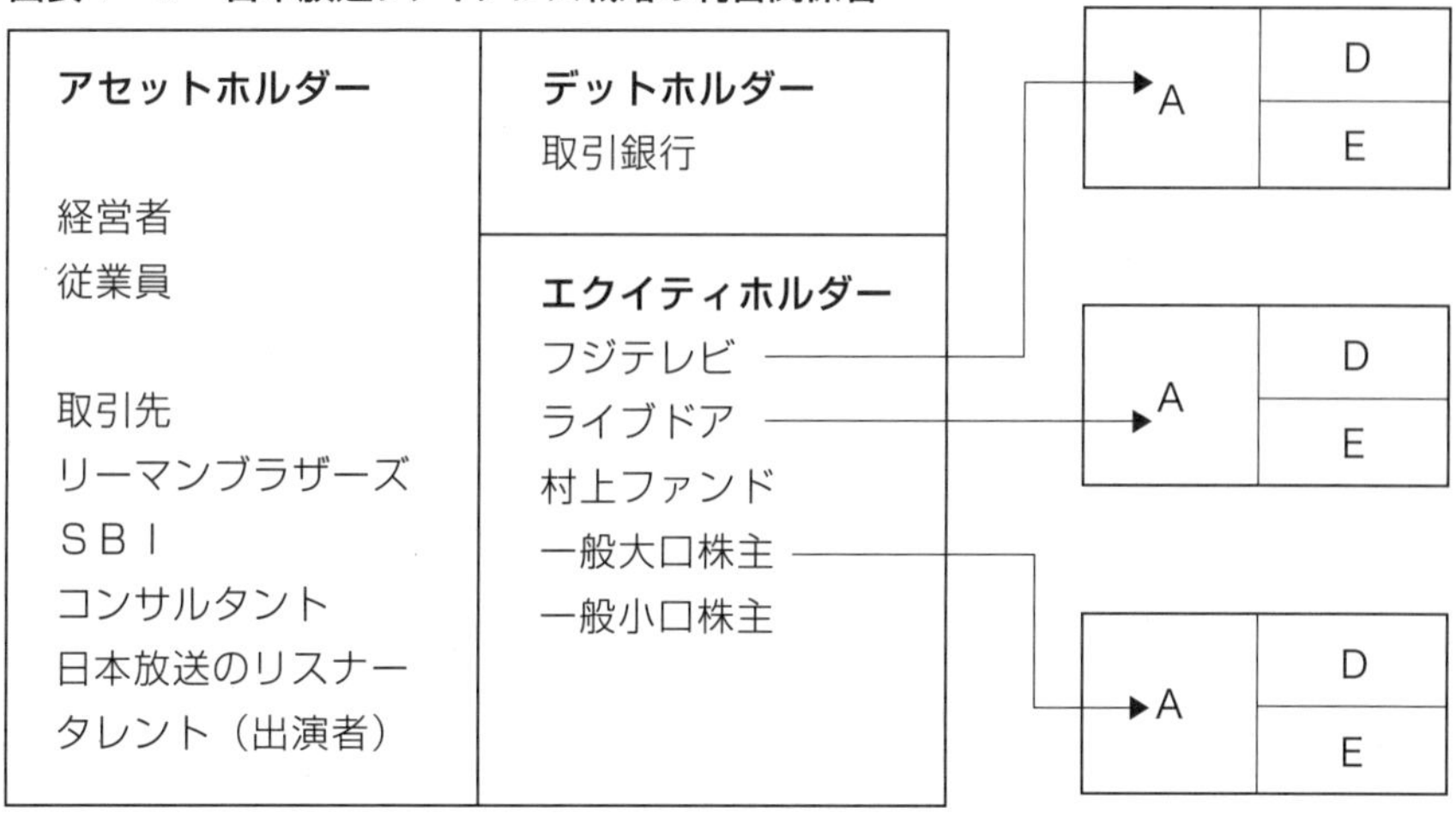

最大化を図る。従来の資本主義は企業全体の価値最大化を目的としていたが、現在ではステークホルダー間の価値は激しいトレードオフの関係にあり、どのステークホルダーの価値を高めるかが投資戦略の目的となっている。

リスクがますます巨大化し、このリスクをマネジメントするニーズがますます高まる市場では、リスクをとるものが力を持ち、とらないものは存在感をなくしていく。本来リスクをとらない従業員あるいはデットホルダーといえども、リスクをとる金融資本に翻弄されることとなる。

このようなトレンドを背景に、リスクを引き受ける金融資本の力がより強力なものとなっていく。

2 レバレッジ

$$\mathrm{ROE} = a + (a - i) \times \frac{負債総額D}{エクイティ総額E}$$

ＲＯＥ：自己出資額に対する収益率、配当収益率
ａ　：資産の本源的な収益率（＝ＲＯＡ、キャップレート、総合収益率）
ｉ　：支払金利
Ｄ　：負債（デット）総額
Ｅ　：エクイティ総額

レバレッジの仕組みは、大学のファイナンス課程の初歩の段階で紹介される。

結論から言えば、収益率が借入金利より高ければ「正のレバレッジ効果」を得られるが、収益率が借入金利より低ければ「逆のレバレッジ効果」となる。これだけの仕組みである。

実務では、このレバレッジ効果は一般事業投資から不動産投資を問わず、あらゆる投資戦略に利用され、重要な概念となっている。次ページ図表４‐４の財務構造には、それぞれのセクターの収益性を示す指標がある。デットの収益性を示す指標は金利、アセットがＲＯＡ、エクイティがＲＯＥである。

レバレッジの効果は、上記等式のように表される。

$\frac{負債総額D}{エクイティ総額E}$ はＤ／Ｅレシオ又は財務レバレッジと呼ばれるが、ここでは便宜上レバレッジレシオとする。

通常レバレッジは $\frac{資産総額}{エクイティ総額}$ を示し、「何倍」という表現をする。

図表４－４　レバレッジ構造

ＲＯＡ（総資産利益率：Return on Asset）

➡資産の本源的収益率、キャップレート

ＲＯＡ＝利益÷総資産＝ＮＯＩ÷資産（Asset）総額

※利益は通常家賃から経費を引いたネット収益（Net Operating Income）

ＲＯＥ（株式収益率：Return on Equity）

➡資本出資に配分される収益率

ＲＯＥ＝配当利益÷自己資本

＝出資者に配分される利益÷出資者総額（エクイティ）

＝自己資本還元利益率、配当収益率、キャッシュ・オン・キャッシュ　等

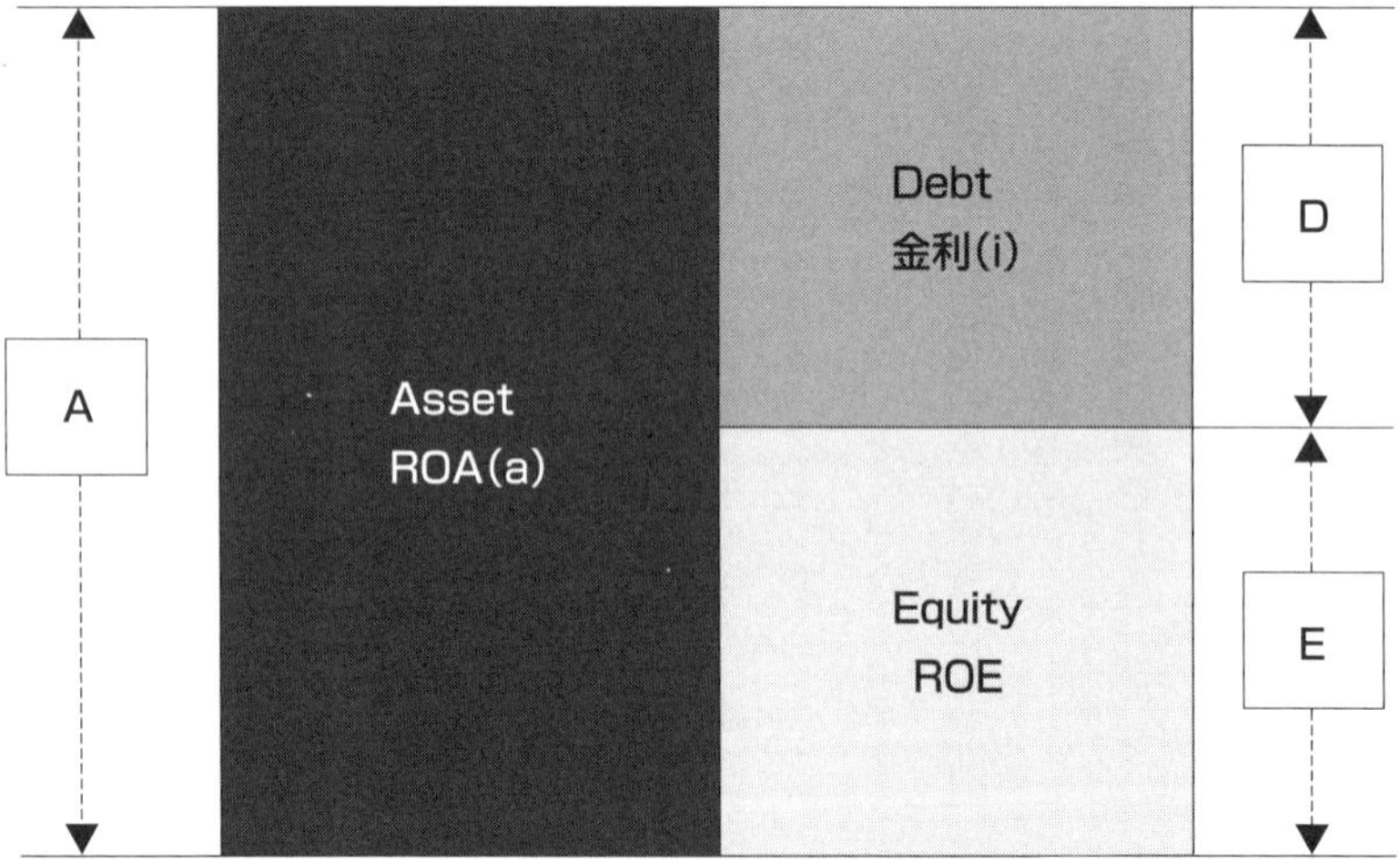

$$ROE = a + (a - i) \times \frac{負債総額D}{エクイティ総額E}$$

（aは資産の本源的収益率ROAであるから）

＝①ROA＋②(ROA－i)×③D/E に分けられる。

①はアセット本来の収益率、②がレバレッジの効果、③がレバレッジレシオとなり、下記の関係式が導き出される。

不動産投資事業の主体的投資家である出資者に還元される利益の指標ROEは、

ROE＝ROA＋（ROA－負債利率）×レバレッジレシオ

で表される。つまり、不動産資産の本源的収益性であるROAにレバレッジ効果が付加されることになる。

しかしこのレバレッジ効果は、資産の本源的な収益率a、借入資金の支払金利iとの関係によって、正のレバレッジ効果にも逆レバレッジ効果にもなる（下図）。支払金利より不動産資産の収益性が上回るとき、本源的な収益率にレバレッジ倍された「正の効果」を得ることができるが、逆に収益性の方が低いとき、本源的な収益にレバレッジ倍された「負の効果」となる。そしてこのレバレッジレシオが高いとき、下記関係式で示すところの±（効果）

【aとiの関係式】

a＞i　⇒　①ＲＯＡ＋②効果×③レバレッジレシオ
　　　　　→正効果がレバレッジ倍増幅される

a＜i　⇒　①ＲＯＡ－②効果×③レバレッジレシオ
　　　　　→逆効果がレバレッジ倍増幅される

$$レバレッジ効果 = (a - i) \times \frac{負債総額D}{エクイティ総額E}$$

がより大きく増幅される。

この増幅が正（＋）も逆（－）も関係なく機能する点に、レバレッジの特徴がある。

なお、前掲の等式を含むレバレッジに関する詳細な解説については、前書『ハイレバレッジ不動産投資』（清文社、２００６年）を参照いただきたい。

3 レバレッジのシミュレーション

次のレバレッジの違う不動産投資ビークルA、B、Cを用いて、「I　好景気経済」、「II　過熱・インフレ経済」、「III　不景気経済における高金利経済」の各市況におけるシミュレーションを行い、それぞれのレバレッジ効果を確認する。

●ローレバレッジ不動産投資ビークルA
10億円の不動産賃貸ビルを自己資金8億円、銀行借入2億円で調達した資金で購入
LTV＝2億円÷10億円＝20％　レバレッジ＝10億円÷8億円＝1・25倍

●ミドルレバレッジ不動産投資ビークルB
10億円の不動産賃貸ビルを自己資金5億円、銀行借入5億円で調達した資金で購入
LTV＝5億円÷10億円＝50％　レバレッジ＝10億円÷5億円＝2倍

●ハイレバレッジ不動産投資ビークルC
10億円の不動産賃貸ビルを自己資金2億円、銀行借入8億円で調達した資金で購入
LTV＝8億円÷10億円＝80％　レバレッジ＝10億円÷2億円＝5倍

Ⅰ　好景気で安定した収益率が確保できている状態の不動産投資（ＲＯＡ７％、金利３％）
不動産投資ビークルＡ（ＬＴＶ20％）
・配当収益＝賃料収入10億円×７％－支払金利２億円×３％＝６４００万円
・ＲＯＥ＝６４００万円÷８億円＝８％
不動産投資ビークルＢ（ＬＴＶ50％）
・配当収益＝賃料収入10億円×７％－支払金利５億円×３％＝５５００万円
・ＲＯＥ＝５５００万円÷５億円＝11％
不動産投資ビークルＣ（ＬＴＶ80％）
・配当収益＝賃料収入10億円×７％－支払金利８億円×３％＝４６００万円
・ＲＯＥ＝４６００万円÷２億円＝23％

Ⅱ　過熱インフレ経済：景気が過熱して依然として収益高いが、金利が上昇し始めた時の不動産投資（ＲＯＡ８％、金利７％）
不動産投資ビークルＡ（ＬＴＶ20％）
・配当収益＝賃料収入10億円×８％－支払金利２億円×７％＝６６００万円
・ＲＯＥ＝６６００万円÷８億円＝８・２５％
不動産投資ビークルＢ（ＬＴＶ50％）

・配当収益＝賃料収入10億円×8％－支払金利5億円×7％＝4500万円
・ROE＝4500万円÷5億円＝9％
不動産投資ビークルC（LTV80％）
・配当収益＝賃料収入10億円×8％－支払金利8億円×7％＝2400万円
・ROE＝2400万円÷2億円＝12％

Ⅲ　不景気：景気が後退して収益性が一気に下落し始めた不動産投資（ROA2％、金利3％）

不動産投資ビークルA（LTV20％）
・配当収益＝賃料収入10億円×2％－支払金利2億円×3％＝1400万円
・ROE＝1400万円÷8億円＝1.75％
不動産投資ビークルB（LTV50％）
・配当収益＝賃料収入10億円×2％－支払金利5億円×3％＝500万円
・ROE＝500万円÷5億円＝1％
不動産投資ビークルC（LTV80％）
・配当収益＝賃料収入10億円×2％－支払金利8億円×3％＝△400万円
・ROE＝破綻

上記のケースにおいて、「局面Ⅲ・投資ビークルC」の状態になれば、ROEは損失が発生して、内部留保の取崩し、新たな資金投入が要求される。それができなければ資本の毀損、債務超過を起こし破綻となる。

以上3つの市況局面をまとめたのが、図表4‐5である。

資産の本源的収益性であるROAとレバレッジ後の収益率ROEを対比する。ROAと金利との関係において、正のレバレッジ効果が期待できるケース、逆のレバレッジ効果になるケースがあり、さらにこれらの効果は、レバレッジ倍により増幅されている。

このように、レバレッジの仕組み自体は、非常に簡単な構造である。

しかし実務においては、単に金利と収益率のどちらが高いか低いかといったパターンだけではなく、収益率が低いにもかかわらず金利がそれを超えるとき、さらに金利が上昇するとき、あるいは金利が高い時に起きる逆レバレッジ等、いろいろな状況が出てくる。こ

図表4－5

投資ビークル	景気局面	LTV	ROA	金利	ROE	レバレッジ
ローレバレッジビークルA	Ⅰ拡大	20%	7%	3%	8%	1.25倍
	Ⅱピーク	20%	8%	7%	8.25%	1.25倍
	Ⅲ後退	20%	**2%**	**3%**	**1.75%**	1.25倍
ミドルレバレッジビークルB	Ⅰ拡大	50%	7%	3%	11%	2倍
	Ⅱピーク	50%	8%	7%	9%	2倍
	Ⅲ後退	50%	**2%**	**3%**	**1%**	2倍
ハイレバレッジビークルC	Ⅰ拡大	80%	7%	3%	23%	5倍
	Ⅱピーク	80%	8%	7%	12%	5倍
	Ⅲ後退	80%	**2%**	**3%**	**破綻**	5倍

のため、これらの状況が実際にどのような影響をもたらすかを知る必要がある。

次のⅢ－２は、金利が低く大きな逆レバレッジが生じる状況である。バブル経済の破綻を通じて得た教訓は、ハイレバレッジを多用した投資ビークルＣが、収益性が極端に劣下したところ（ＲＯＡ３％）で逆レバレッジを起こすと、破綻する可能性が非常に強いということである。

Ⅲ－２　後退：不景気下における高金利経済（景気が後退しているにもかかわらず金利が上昇した時の不動産投資（ＲＯＡ３％、金利５％））

不動産投資ビークルＡ（ＬＴＶ20％）

・配当収益＝賃料収入10億円×３％－支払金利２億円×５％＝２０００万円

・ＲＯＥ＝２０００万円÷８億円＝２・５％

不動産投資ビークルＢ（ＬＴＶ50％）

・配当収益＝賃料収入10億円×３％－支払金利５億円×５％＝５００万円

・ＲＯＥ＝５００万円÷５億円＝０・１％

不動産投資ビークルＣ（ＬＴＶ80％）

・配当収益＝賃料収入10億円×３％－支払金利８億円×５％＝△１０００万円

・ＲＯＥ＝破綻

次のⅡ－２は、収益が高い状況（ＲＯＡ８％）でさらに金利が上昇（金利９％）し、逆レバレッジを起こしているシミュレーションである。大きなマイナス効果であることには違いないが、プロパティマネジメントを入れ替える財源あるいはリスクヘッジをする財源がありハイレバレッジな投資ビークルCにおいても、破綻までは至らない。

Ⅱ－2　過熱・インフレ経済：景気が過熱して金利が政策的に上昇し始めた時の不動産投資（ROA8％、金利9％）

不動産投資ビークルA（LTV20％）
・配当収益＝賃料収入10億円×8％－支払金利2億円×9％＝6200万円
・ROE＝6200万円÷8億円＝7.75％
不動産投資ビークルB（LTV50％）
・配当収益＝賃料収入10億円×8％－支払金利5億円×9％＝3500万円
・ROE＝3500万円÷5億円＝7％
不動産投資ビークルC（LTV80％）
・配当収益＝賃料収入10億円×8％－支払金利8億円×9％＝800万円
・ROE＝800万円÷2億円＝4％

図表4－6は、過去の日本の金利水準である。金利は過去最高で10％水準となっている。こ

のことからも、高い収益水準でさらに大幅に金利水準が超過することは、現実には考えにくい。

このレバレッジの仕組みを使って、さまざまなビジネスモデルが独自に開発されている。

ヘッジファンドは別名ハイレバレッジ投資機関（ＨＬＩ）と呼ばれ、ヘッジファンドの本質がレバレッジにあるといっても過言ではない。これらヘッジファンドの特徴は、元本に対して、その何十倍もの投資を行うところにある。高いものになると１００倍を超えるレバレッジも頻繁に存在する。後述する破綻したヘッジファンドＬＴＣＭも、１００倍を超えるリスクポジションをとっていたことが新聞等で報道されていた。

このようなヘッジファンドでは、高いレバレッジの仕組みこそがそのビジネスモデルとしての優劣となっている。

２００５年以降、一部の成長の高い経済市場に、日本の安い金利を使って投資をする「円キャリートレード」といわれるモデルがあった。これなども、

図表4－6　市場金利の変動

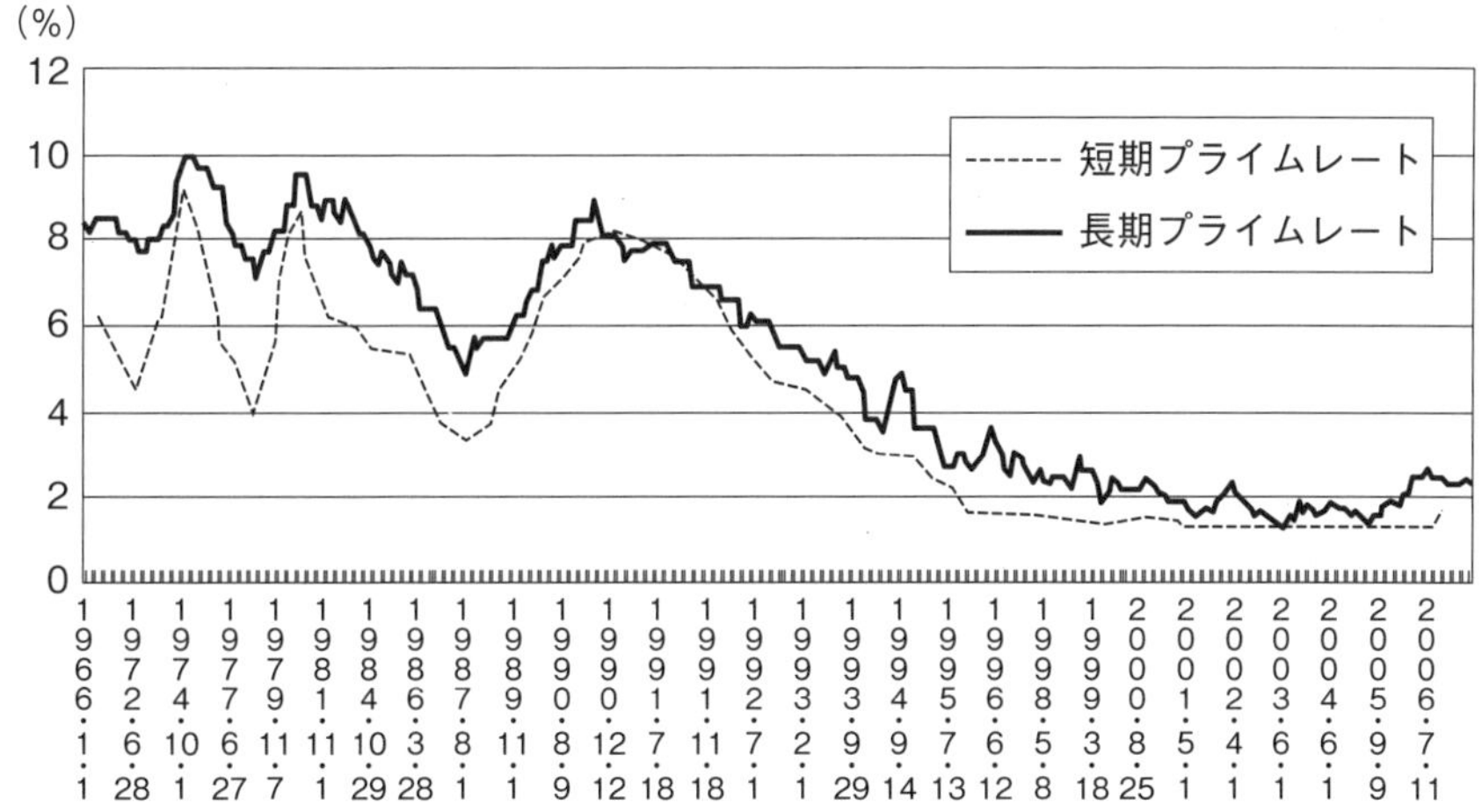

※日本銀行統計資料を元に筆者作成。

まさにレバレッジの仕組みである。

またＲＥＩＴ産業においても、出資は全額オーストラリアから行い、日本の低い金利でデットを調達して、世界中の高い利回りに投資をするモデルがあった。これもレバレッジ投資である。

「投資」というビジネスモデルの本質そのものに、レバレッジがあるといっても過言でない。そのように考えると、投資に必要なものは「リスクをとるマネー」「調達コストの低いマネー」「高い収益を生む投資対象」「信頼性ある投資ビークル」そして「リスクに果敢にチャレンジするビジネスプレーヤー」ということになる。

調達コストの低いマネーとは低成長国のマネーであり、高い収益を生む投資対象とは成長著しい発展途上国の経済セクターあるいはサブプライム住宅ローンのようなジャンク債になる。そして、投資ビークルはファンドを意味する。

4　オーバーレバレッジ

次ページの図表４‐７は、過去の不動産総合収益率（単年度運用）と長期プライムレートの関係を示したものである。

長期プライムレートより上に収益率があるところで、「正のレバレッジ効果」が期待できる。この時、高いレバレッジを多用していれば、その投資ビークルは非常に大きく成長する。そしてこの「正のレバレッジ効果」が期待できる状況から、収益率が下がり、「逆レバレッジ効果」へチェンジしていく流れが確認できる。

このように、金利と収益のポジションは過去30年間だけを見ても頻繁にチェンジをしている。そして、この金利と収益の関係において、正のレバレッジ効果から逆のレバレッジ効果へチェンジする状況が「オーバーレバレッジ」である。

オーバーレバレッジを起こすと、前述のシミュレーションで見たように、特にハイレバレッジを多用した投資ビークルは、非常に大きな破綻につながる可能性が出てくる。

したがって、オーバーレバレッジを起こさないようにするのが、マネジメントの目的になる。図表４‐７でオーバーレバレッジになるポイントをよく見てみると、金利の上昇より収益率の劣下によるオーバーレバレッジが観察できる。このことは非常に重要なポイントである。

特に１９９０年は、バブルの破綻による収益率の急激な劣下を引き起こした時期である。そしてこの時期、多くの不動産投資ビークルが破綻したことは、今さら説明するまでもない。

図表4－7　長期プライムレート・不動産総合収益率ポジションマップ

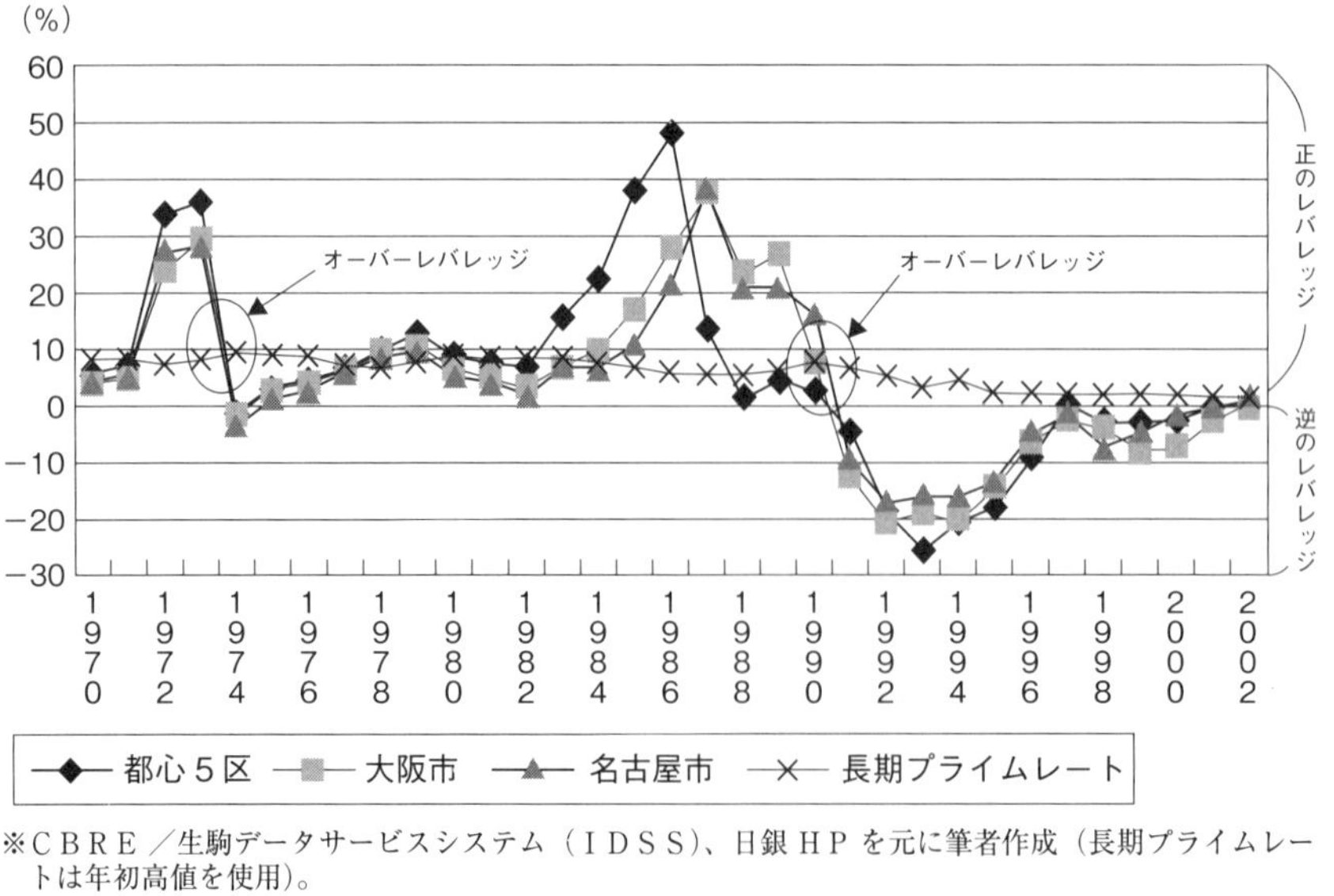

※ＣＢＲＥ／生駒データサービスシステム（ＩＤＳＳ）、日銀ＨＰを元に筆者作成（長期プライムレートは年初高値を使用）。

5　不動産投資の金利と収益の特徴

金利と収益の特徴を知る

オーバーレバレッジが生じる原因はさまざまである。

通常、収益が上がれば金利も上がり、収益が下がれば金利も下がるという金利と収益のスプレッド（幅）が一定であれば、オーバーレバレッジは生じない。それが何らかの理由でタイムラグが生じたり、まったく別の要因でそれぞれが違った変動をすると、レバレッジのポジションチェンジが起こる。

このため、オーバーレバレッジが生じるメカニズムを理解するためには、まず「不動産投資収益」と「金利」の特徴を知っておく必要がある。

賃料水準と入居率の関係

不動産投資収益の源泉は「賃料」であり、賃料収入から経費を引いた残りが「収益」となる。市場の賃料は、第2章で紹介した「第4象限価格均衡モデル」等によって説明される。しかし、このような市場メカニズムに影響を与えるファンダメンタルなリスクファクターが、市場には他に多く存在する。例えば「借家法」は、市場の需要と供給による価格の弾力性に対して、大きな障害を与えるリスクファクターとなる。

1980年代後半、賃貸市場が過熱し、賃料が高騰した。やがて景気調整になり、高額な賃料の借り手がいなくなった。市場の需給メカニズムにおいては、需要が減れば短期的な市場の賃料水準が下がるはずである。しかし、現実には下がらなかった。

借家法には減額請求権があり、近隣の賃料水準が増減した場合、賃料の増減額請求ができるという規定がある。これは賃料の値上げをする時の法的根拠にもなっているものである。本来、高い賃料の借り手がいなくなれば賃料を下げるはずであるが、下げることによって既存のテナントから減額請求されることを嫌って、下げられなかった。その結果、新規の借り手が市場からいなくなり、入居率を下げた。賃料が下がったのではなく、入居率を下げることによって市場全体の収益性が劣下したことになる。

そもそも景気後退時期には、新規の借り手は少なくなる。事業の拡張によるオフィススペースに対する需要が減るからである。しかしこのような時期には、賃料水準が下がることによって、新たに事務所の移転需要が出てくる。好調な企業が、これまでと同額の賃料で大きなスペースに借り替える行動がそれである。

これらの需要により、市場の衰退ではなく、むしろ活性化が起きることもある。

2002年以降、市場が回復傾向になり戦後最長の「いざなぎ景気超え」といわれ、ファンドマネーによる新規賃貸オフィススペースあるいは賃貸マンションへの投資が盛んになり、一部のエリアでは過剰投資（オーバービルディング）を起こした。

しかし、今度は1990年とは違い、競争力のない弱小のオフィススペースや賃貸マンションが、我先にと賃料を下げ始めた。バブル経済期とはまったく違う市場行動である。

賃料低下によるテナントの移動が起き、これによる市場の活性化が、むしろ本来危険な水準にあるオーバービルディングの顕在化を遅らせている状況すら起きている。過剰な流動性が、本来のさまざまなリスクを覆い隠す効果があるためと考えられる。

空室率に見る市況判断

もう一つ、賃料の特徴を挙げよう。

不動産賃貸市場には「空室率」という特徴的な指標がある。

空室率とは、入居率の反対語である。

通常１００％入居している状況を「満室」というが、例えば退去、入居募集に要する物理的な空室期間あるいは営業上のフリーレントの設定等があると、契約上は満室であっても、これらの期間を考慮すると１００％にはなりえない。

このような空室率を「自然空室率」と呼ぶ。

実務では経験的に、５％前後を自然空室率とし、95％入居を満室と見る。通常、空室率が５％より高くなると需要が弱いと見て、市場賃料が下がる。逆に空室率が３％より低くなると市場賃料は高くなる。

ＣＢＲＥ／生駒データサービスシステムでは、この指標と賃料の改定率を使って、市場の動向を説明している。「Ｈ18・12・13　ＩＤＳＳレポート」では、東京の空室率が４・３％を下回る状態が続くと、賃料の増額改定が増えるという市場分析を行っている。同様に大阪では６・２％、名古屋で４・０％となっている。空室率による市場判断である。

需給が逼迫する市場は、例えばオフィス需要の高い東京等では、需要が高まると、貸主によるテナントの選り好みが生じる。あるいは賃料が高くなると分かっていれば、急いで空室率を埋めようとはしなくなる。そうなると、見かけの空室率は高くなる。

市場の賃料がどの時点で上がり始めるのか、またそれが、市場によってどのような特徴を示しているのかを知るユニークな指標である。不動産投資市場の市況を判断する上で、この空室率は非常に重要な情報を提供してくれる。

経費についても言及しておこう。不動産投資の経費は、一定水準以下には下がらない。例えば入居率が半分になったからといって、玄関ホールの照明を半分にすることはできない。不動産投資の場合、固定費の比率が大きいため、収益が下がったとしても固定費を下げることができず、よけいに収益性を劣下させることになる。

金利の変動はグローバル経済の中で考える

ここで再度、図表4‐6を見てみる。

高度成長時代の金利水準は8％を超えることがあったが、2000年以降1％台に下がり、現在は2～3％の水準にある。

2000年頃、世界中で長短金利の逆転現象が話題になった。通常では短期金利より長期金利の方が高い状況を健全な市場と見る。短期金利に物価変動などのリスクプレミアムを乗せたものが長期金利になるからである。または、長期金利はその国の経済成長を反映し、短期金利は短期に先行する指数と見ることもできる。

２０００年頃の世界同時デフレ進行により、世界の特に先進諸国で経済成長が低迷し、低成長基調にあり、なかなか長期金利が上がらなかった。したがって、政策的な短期金利を高めに誘導して、何とか長期金利の適正水準を維持しようとした。その結果、高めの政策的な短期金利と、なかなか上がらない市場の長期金利との逆転が起きてしまったわけだ（ただし日本では長短共に異常に低い水準にあり、逆転以上の問題を提起していた）。

この世界同時デフレは、中国等、新興国からの安い製品の流出が原因といわれている。さらに先進諸国では、少子高齢化による若年人口の不足、技術革新不足、貯蓄量の低下等による低成長によって、比較的低いリスクで運用していた非リスクテイカーの運用益を一層低くし、利子生活ができない状況へ追いやった。その結果、彼らをリスクテイカーに転換させることとなった。

「貯蓄から投資へ」は、先進諸国の世界的な低成長が背景となっている。

図表４－６（再掲）　市場金利の変動

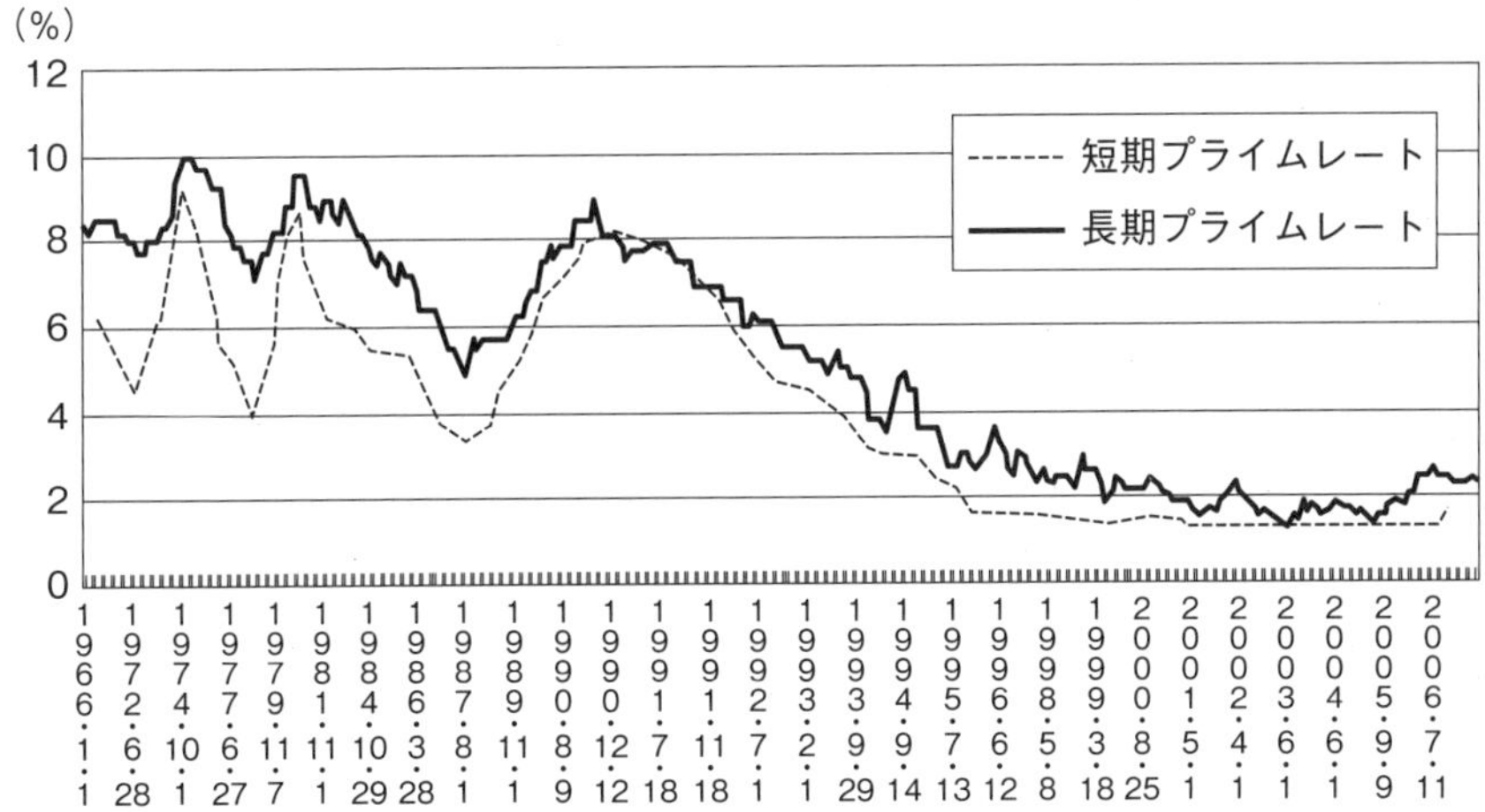

※日本銀行統計資料を元に筆者作成。

このニーズに応えて市場に登場したビジネスモデルが、前述したヘッジファンドであった。やがて中国、インド、ロシア、ブラジル等の発展途上国で急速な経済成長が始まり、経済を回復した欧米でも金利の安定が機能し始めたかに見えたが、サブプライム住宅ローン問題によって、再び市場金利の引下げが起きている。

景気低迷にしろ長期循環の中での低成長にしろ、サブプライム住宅ローン問題にしろ、金利の低下は、新たなる他の高利回り投資商品へのニーズを引き起こす。

グローバルな市場でリスクが増大していく一方、これらリスクを求めるリスクマネーが増大していくという需要と供給の一致が、資本市場をさらにグローバルな金融資本主義へと傾倒させていくことになる。

日本では、いざなぎ景気超えといわれる景気局面にあっても、依然としてデフレ懸念があり、低水準の金利政策であった。そのような状況で、「円キャリートレード」という資金運用が登場した。金利の安い円を借りて、金利の高い国で運用するというビジネスモデルである。

前述のオーストラリアのＲＥＩＴしかり、２０００年以降拡大し始めたヘッジファンドの多くが、日本の低い金利の資金を使って高いレバレッジを利かせ、アメリカのサブプライム住宅ローン証券のような高利回りへ投資し、高いリスクポジションをとった。このため、サブプライム住宅ローン問題では当然、日本の低金利政策に対する批判も起きた。

長期金利の特徴

国の経済成長は、以下の等式で表される。

名目成長　＝　実質成長　＋　物価変動

金利も同じように、次の等式で表される。

名目金利　＝　実質金利　＋　物価変動

「３　ファイナンスの均衡理論」（88ページ）で使用した次の式を思い出してほしい。

期待収益率　＝　リスクフリーレート　＋　リスクプレミアムレート

これら３つの式は、同じことを意味する。

国の経済成長はその国の長期国債の利回りに影響を与え、実質金利とリスクフリーレートは国の長期国債の利回り（長期金利）を意味する。また名目金利は、我々が銀行で貸し借りする市場金利である。

実質金利と市場金利の間には、「物価変動」というリスクプレミアムが介在する。実務では、実質金利と名目金利の見定めが重要となる。

インフレで物価が高い時、当然市場金利も高くなる。通常、市場金利が高い時は、投資を差し控える。しかしこの時、もし実質金利がマイナスであるとすると、物価変動の方が市場金利より高くなる。そうなると、いくら市場金利が高くても、それ以上に財・物への投資が活発に行われることになる。

反対にデフレで物価がマイナスで、しかもそのマイナスが大きいと、実質金利（＝実質成長）

がいくらプラスであっても市場金利は低くなる。通常、市場金利が低ければ投資が行われるが、物価がマイナスということは、投資したものの価値が下がることを意味し、しかも実質金利よりマイナスが大きければ、トータルでマイナスとなる。

そのような状況では、当然、誰も投資をしない。これが「失われた10年」といわれた期間、新たなビジネスプレーヤーが投資市場に参入してこなかった所以である。

このように、物価が投資に与える影響は非常に大きい。

物価とは物の価値であり、言い方を変えれば「貨幣価値の変動」でもある。日本の貨幣を発行したり、価値を監視したりする番人は日本銀行である。したがって日本銀行は常にインフレ、デフレにならないよう、物価の安定をその主要な業務としている。

2000年以降、世界的デフレによって、アメリカなどで長短金利の逆転現象が起こった。先進諸国では一般に、貯蓄率が低く投資が多い。途上国では逆に、投資が少なく貯蓄が高い。しかし、2000年以降の途上国は、急速な成長によってその貯蓄量が先進国の投資を超過し、世界市場で投資に対して貯蓄が急増したといわれる。市場の名目金利から途上国の高い物価変動率を差し引いた低い実質金利が実際の成長率となり、市場全体で成長率が低くなったわけだ。

高齢化が進む先進諸国で長期金利が低くなると、利子所得生活者の受取りが少なくなり生活が貧する。そこで、新たな投資運用の高利回りに対するニーズが生まれる。このニーズが2000年以降のヘッジファンド市場の急成長となる。そしてそれは、サブプライム住宅ローン問題のスイッチを押すきっかけにもなったことは前述の通りである。

このように、名目成長率（市場金利）、実質成長率（長期金利）、物価変動率の関係によって、市場のメカニズムが説明できる。

日本経済成長のシナリオ

この考え方を理解した上で、次ページの図表４‐８に示す２００７年１月の経済財政諮問会議で示された２００７年の日本の経済成長の見通しを見てみる。実質成長率、名目成長率、ＧＤＰデフレーターの関係を見ると、「名目成長率＝実質成長率＋ＧＤＰデフレーター」の関係になっていることが分かる。

実際の経済指標の集計は、まず実際に市場で観測される「名目ＧＤＰ」を推計し、さらにＧＤＰの構成項目である消費や投資を実質化し「実質ＧＤＰ」が推計される。この２つから「ＧＤＰデフレーター」が推計される。

このように間接的に求められるＧＤＰデフレーターは、別名「インプリシット・デフレーター」とも呼ばれる。図表４‐８が成長（良ければ）シナリオで、図表４‐９は制約（悪ければ）シナリオである。順調に行けば５年後には名目で３％台に、悪ければ２％前半になるという見通しである。この成長見通しと制約見通しは総計である。

元気の良い東京では３％を超える成長率が実現可能であるが、景気回復が遅れている地方では成長が期待できないところもある。地方から「名目でもいいから、何とかプラスの成長をさせてほしい」という悲鳴が起きているわけだ。〝名目でもいいから〟という意味は、実質的な

図表4－8　日本経済中期見通し〔成長経済移行シナリオ〕

（%程度）、[対 GDP 比、%程度]、兆円程度

	2006	2007	2008	2009	2010	2011
潜在成長率	（　1.6）	（　1.8）	（　1.9）	（　2.1）	（　2.3）	（　2.4）
実質成長率	（　1.9）	（　2.0）	（　2.1）	（　2.2）	（　2.4）	（　2.5）
名目成長率	（　1.5）	（　2.2）	（　2.8）	（　3.3）	（　3.7）	（　3.9）
名目 GDP	510.8	521.9	536.4	553.9	574.2	596.6
物価上昇率						
消費者物価	（　0.3）	（　0.5）	（　1.2）	（　1.7）	（　1.9）	（　1.9）
国内企業物価	（　2.7）	（　0.7）	（　1.2）	（　1.6）	（　1.8）	（　1.8）
GDP デフレーター	（－ 0.4）	（　0.2）	（　0.7）	（　1.1）	（　1.3）	（　1.3）
完全失業率	（　4.1）	（　4.0）	（　3.7）	（　3.5）	（　3.3）	（　3.2）
名目長期金利	（　1.8）	（　2.1）	（　2.6）	（　3.3）	（　3.7）	（　4.0）
部門別収支						
一般政府	〔－ 3.6〕	〔－ 3.0〕	〔－ 2.8〕	〔－ 2.4〕	〔－ 2.0〕	〔－ 1.8〕
民間	〔　7.4〕	〔　7.2〕	〔　7.2〕	〔　6.9〕	〔　6.8〕	〔　6.8〕
海外	〔－ 3.8〕	〔－ 4.2〕	〔－ 4.4〕	〔－ 4.5〕	〔－ 4.9〕	〔－ 5.0〕

出典：経済財政諮問会議（2007.1.18 資料）

図表4－9　日本経済中期見通し〔成長制約シナリオ〕

（%程度）、[対 GDP 比、%程度]、兆円程度

	2006	2007	2008	2009	2010	2011
潜在成長率	（　1.6）	（　1.8）	（　1.5）	（　1.3）	（　1.1）	（　1.0）
実質成長率	（　1.9）	（　2.0）	（　1.5）	（　1.2）	（　1.1）	（　1.0）
名目成長率	（　1.5）	（　2.2）	（　2.2）	（　2.1）	（　2.1）	（　2.0）
名目 GDP	510.8	521.9	533.4	544.8	556.4	567.4
物価上昇率						
消費者物価	（　0.3）	（　0.5）	（　1.2）	（　1.6）	（　1.6）	（　1.5）
国内企業物価	（　2.7）	（　0.7）	（　1.2）	（　1.5）	（　1.6）	（　1.5）
GDP デフレーター	（－ 0.4）	（　0.2）	（　0.7）	（　1.0）	（　1.0）	（　0.9）
完全失業率	（　4.1）	（　4.0）	（　3.8）	（　3.6）	（　3.5）	（　3.4）
名目長期金利	（　1.8）	（　2.1）	（　2.5）	（　3.0）	（　3.2）	（　3.2）
部門別収支						
一般政府	〔－ 3.6〕	〔－ 3.0〕	〔－ 2.9〕	〔－ 2.7〕	〔－ 2.5〕	〔－ 2.5〕
民間	〔　7.4〕	〔　7.2〕	〔　7.3〕	〔　7.3〕	〔　7.6〕	〔　8.0〕
海外	〔－ 3.8〕	〔－ 4.2〕	〔－ 4.4〕	〔－ 4.6〕	〔－ 5.1〕	〔－ 5.5〕

出典：経済財政諮問会議（2007.1.18 資料）

成長が期待できなくても、物価変動だけでもプラスになってほしいという意味である。

このように、成長は実質と名目、リスクフリーとリスクプレミアム、の関係で等式（均衡）が生じる。

図表４‐８、４‐９における２００６年のＧＤＰデフレーターがマイナス０・４％になっているのは、この時点で未だデフレ経済から脱却していないことを意味している。２００７年当時の２００８年見通しでも、１％以下の物価上昇率は、デフレ脱却が未だに薄氷の上にあることを意味している。実質成長率で２％台、物価変動で１％以下では、名目成長はどう見積もっても３％台であり、いつまたデフレに戻るか分からないという危惧が、この２００７年期において、日銀が金利の切り上げに踏み込めない要因となっていた。

そして実際、世界連鎖的なサブプライム住宅ローン問題による株価下落が２００７年夏に起き、切り上げのタイミングを完全に失ったことになる。さらに２００７年の自民党参議院選惨敗、たび重なる政治スキャンダル・政策スキャンダルを受けて、事態は本来ダミーであったはずの制約シナリオの方向に進みつつある。

金融デリバティブ利用の落とし穴

「経済の成長」と「物価の変動」という2つのリスクファクターによって、市場金利が決まる。このような金利の市場メカニズムの中で、これからの金利の推移を想定しながら投資を行わなくてはならない。今後の日本に、かつての高度成長期あるいは昨今の中国のような大きな経済成長は期待できない一方で、どのようなリスクが市場に突然登場するかも分からない。例えば環境コスト、食品安全コスト、高齢化社会に必要な社会保障コスト等がリスクファクターとなり、物価を押し上げる可能性もある。

市中の銀行で不動産投資資金を借り入れるとき、特に変動金利であれば、その基準となる金利がある。現在、不動産投資等の長期資金の借入れであっても、短期プレイムレートが基準になる。最近では「新短期プライムレート（新短プラ）」あるいは「新新短プラ」等がある。これは銀行が長期資金を貸し出す場合に、短期資金市場から資金を調達して長期資金の供給を行うことを意味している。

従来、長期貸付資金であっても、償還期間中に返済償還等が生じると、それによる損害を償還期間前返済リスクとして銀行が被っていた。銀行はこのようなリスクを避けるために、長期貸付資金であっても短期資金市場から資金を調達する。したがって、貸出金利も短期のプライムレートを基準として貸し出されるようになった。

産業資本主義が中心であった時代のように、長期の設備投資に対する融資は、銀行融資といえども「擬似エクイティ」と呼ばれた。つまり、銀行がエクイティ並みのリスクをとって融資していたことを意味する。

これに対し、銀行が短期市場の資金ポジションをとって、長期資金需要に仲介融資をするシステムが「市場間接金融システム」と呼ばれる新しい日本の金融システムである。しかし現実に銀行は、長期のスパンでリスクをとることはできず、融資先に短期のモニタリングで支障が生じれば、銀行は資金を引き上げざるを得ない。このような性格の資金で投資された資産は、どうしても産業資本より金融資本化する傾向にある。

このような短期の資金ポジションをとるようになった銀行融資を使いながら、不動産投資に要する長期資金の金利を固定することによって、金利変動リスクを回避しようとすると、スワップやキャップ等の金融デリバティブ商品を使ってヘッジするよう銀行に勧められる。

しかし、これらの金融デリバティブ商品の多用には、大きな問題が内在する。

このヘッジを解約して償還期間前の返済をしようとすると、それによる損害は銀行ではなく借り手が補償しなくてはならない。金融機関の新しいビジネスモデルによるリスクの移転システムである。このことは投資事業側からすると、解約を困難にすると同時に、投資行為の流動性を失うことになる。

後述するが、バブル経済の破綻によってわれわれが一番に学ばなければならないのは、レバレッジを解消することができなくなる「流動性リスク」であった。デリバティブ商品の多用によるリスクの移転は、流動性リスクを脅威的に高めることになる。

6 オーバーレバレッジのパターン

金利と収益の動向でオーバーレバレッジのパターンを見極める

これまで説明してきたように、オーバーレバレッジが起きる傾向には、金利が上昇するパターンと、収益が劣下するパターンがあった。

しかし過去の例からすると、金利が上昇するパターンよりも、収益が劣下して生じるオーバーレバレッジの方が脅威となった。図表4－10は、収益性と金利の動向によってオーバーレバレッジが起きるパターンをイメージ化したものである。

図表4－10の1のように、金利と収益率の間に「確実に安定した」スプレッドがあれば、リスクはない。2が、収益が高いところで起きるオーバーレバレッジの代表的なパターンである。逆に3は、収益が低いところで起きる代表的なオーバーレバレッジである。

4～6は、ビジネスリスクに起因して生じるオーバーレバレッジである。収益率が劣下することによって起きるオーバーレバレッジであるが、どの金利水準で起きるかによって、さまざまなリスクを想定しなくてはならない。

7～9は、市場リスク（金利水準）の違いによって生じるオーバーレバレッジである。金利水準の変動は金利の特徴のところでも見たように、アナウンス性があり、経済のファンダメンタルズの状況から短期的にはある程度の予想が可能であり、リスクマネジメントしやすく、収益が劣下するリスクマネジメントとは、自ずと違ったマネジメントが要求される。

不動産投資は国家の経済成長の舵取りとは違い、個別のファイナンス戦略である。市場がどのような基調（トレンド）を示しているかばかりを見ていても意味がない。それぞれの投資案件がとっているリスクポジションが、将来どのようなパターンでオーバーレバレッジを起こす可能性があるかを評価しなくてはならない。その評価に基づくことによって、そのリスクが、高い収益が劣下し始めたことか、劣下しきってしまった収益率に問題があるのか、あるいは金利が上昇することなのか等を特定できるのである。

リスクが特定できて、はじめてリスクマネジメントの議論が可能となる。

次に、図表４‐11で、収益性と金利の変動パターンを考えてみる。オーバーレバレッジがどこで起きるかによって、それに必要になる対策（リスクマネジメント）を明確にすることができる。

①の「収益性が高いところでさらに金利が上昇する

図表４－10　オーバーレバレッジが生じるパターン

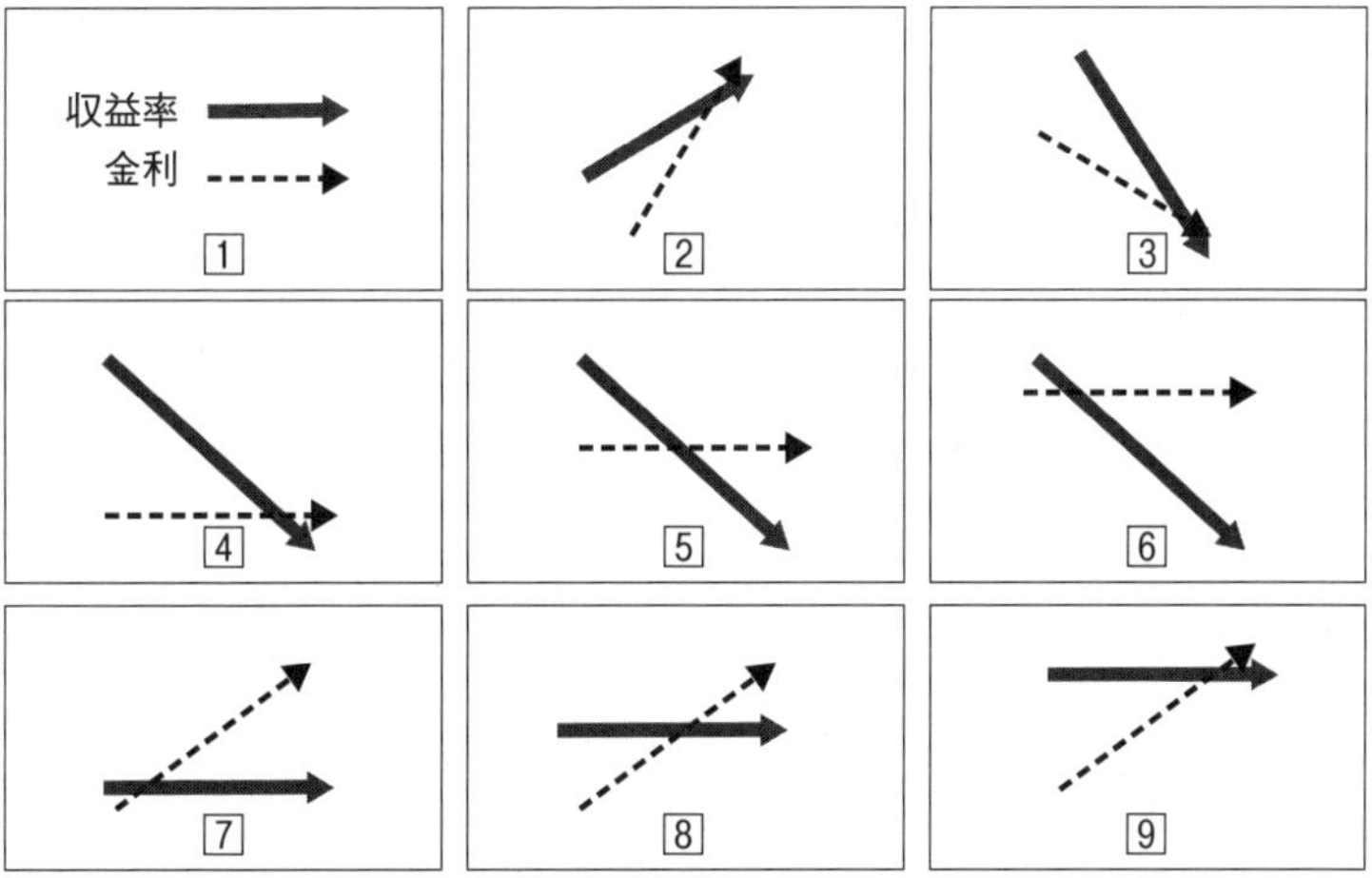

ことで起きるオーバーレバレッジ」では、収益性が高いため、いろいろなマネジメントを施す財源があること、金利の上昇の限界が想定できること等から、金利の上昇をヘッジする戦略、収益がこれ以上劣下しない戦略が必要になる。

②の「収益性がさらに劣下するところで金利が上昇する状況」では、これ以上収益性が劣下すると危機的状況になる。必要となるマネジメントは①と変わりないが、緊急性を要するため、即効性のあるマネジメントが必要になる。

③の「収益性が劣下してしまったところで起きるオーバーレバレッジ」は、最も破綻する可能性が大きいか、もしくはすでに破綻の状態にある。この場合、まず必要なのは資本注入、資産のオフバランス等レバレッジの解消等、財務的な手術である。ここにおいて、中途半端な収益性のマネジメントは意味がなく、大きな再投資によるバリューアップが必要になる。収益を劣下させたオフィスビルから賃貸マンションへのコンバージョン等も、このレベルで必要となる戦略である。

図表4－11　収益性・金利の変動パターン

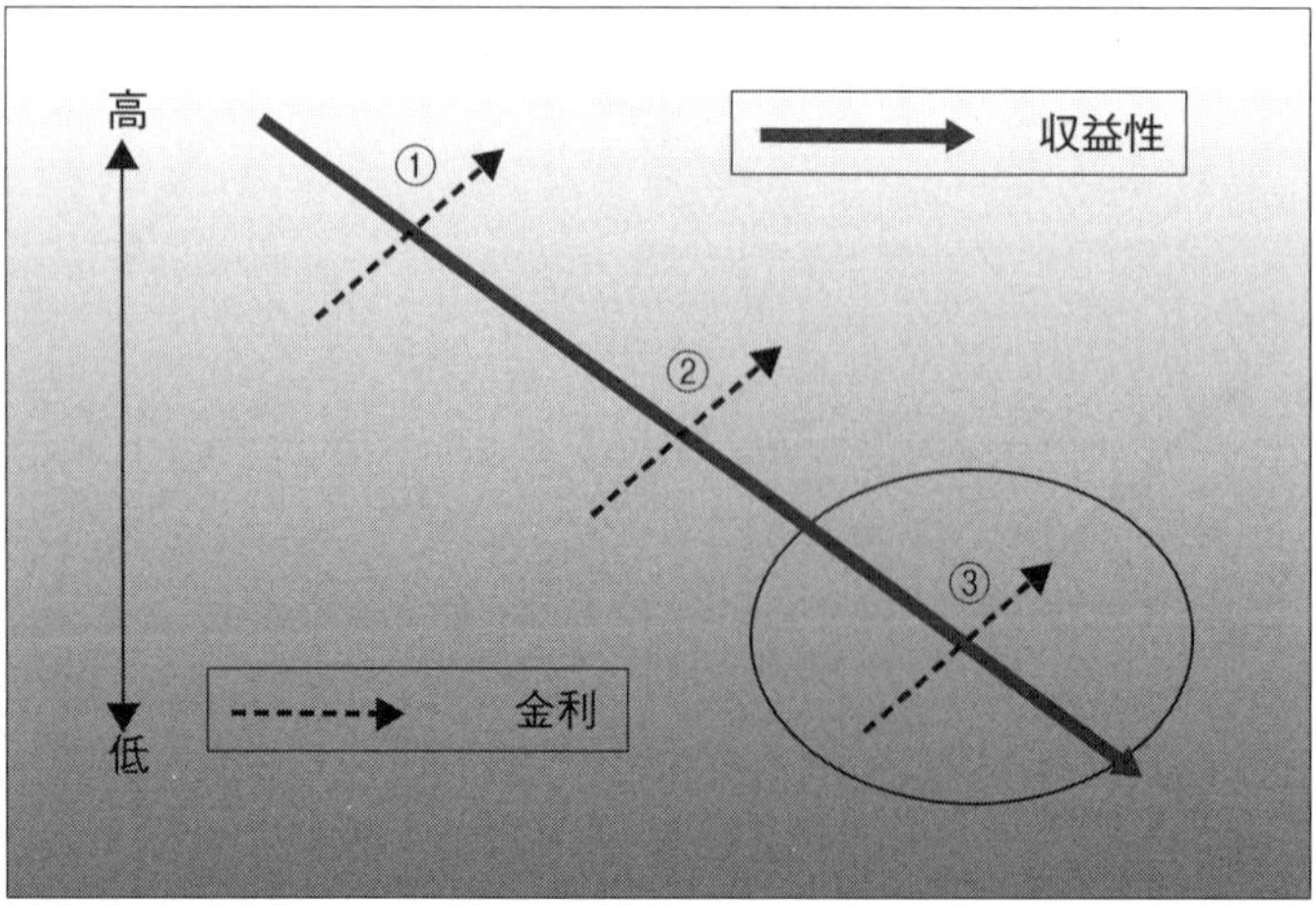

自分のとっている投資ポジションの評価

戦後最長の循環好景気といわれたのが、１９６５年から１９７０年までの57週間持続した「いざなぎ景気」であったが、１９９０年のバブル経済の破綻以降のデフレ経済からの回復基調が２００２年から継続し、２００６年末で57週を超えた。これが「いざなぎ景気超え」である。

この回復基調では、金利が依然として低い状況で、都心部の賃料の上昇が生じて、大きな正のレバレッジ効果が期待できた。

図表４‐12は、成長戦略としてのレバレッジの機能とオーバーレバレッジをどのように想定するかをイメージしたものである。

１９６５年の「いざなぎ景気」は、クーラー、車、カラーテレビに代表される３Ｃの大消費時代にあった。いざなぎ景気の期間を通して年平均10％以上の経済成長を実現した。ちなみにバブル経済の経済成長が５％台であった。

期間末期の１９７０年には金利が公定歩合で

図表４－12

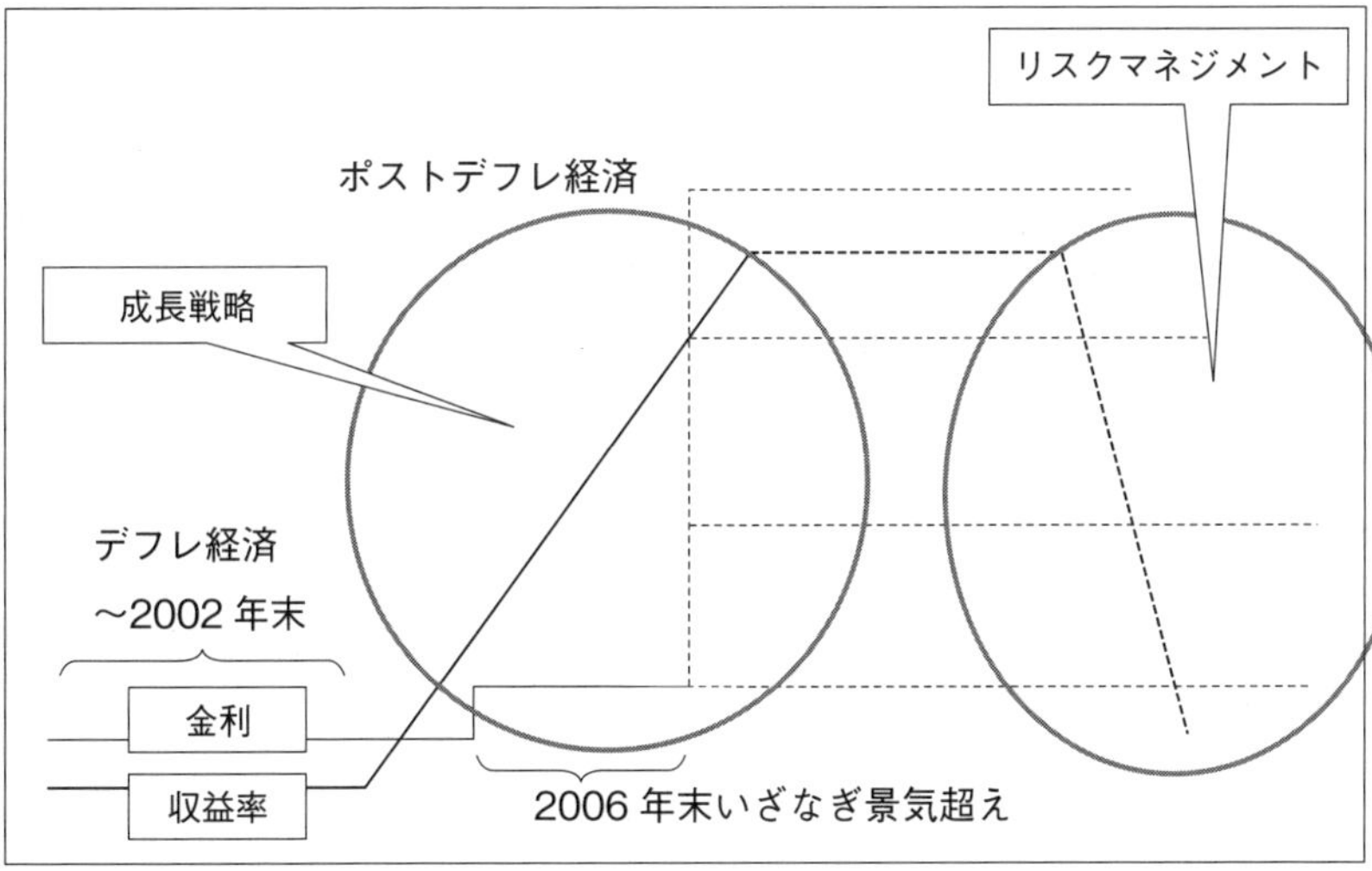

6・25%、長期プライムレートで8・5%まで上昇した。またこの年、大阪万国博覧会が開催され、富士製鉄、八幡製鉄が合併し新日鉄が誕生した。

このように、期間の末には国際イベントが開催され、企業のM&Aが起きている。政策的な金利、市場金利ともに非常に高くはなったが、それ以上に高い収益力を経済全体で実現していたことになる。

この「いざなぎ景気」の社会経済状況を「いざなぎ景気超え」に置き換えてみると、消費エンジンとしては3Cに代わり、IT端末機、デジタル映像機器、介護等のサービス消費が挙げられる。2005年には愛知万博が開催され、同年以降、M&Aも活発に行われていた。この期間の経済成長はおおよそ2%前半であった。M&Aが盛んに行われるということは、景気がある程度過熱し、企業にしろファンドにしろ、投資ビークル単体では収益が上げにくいという状況を意味している。

そのような状況下で、金利だけは依然と低い水準にある。それぞれの収益ポジション、金利ポジションがどのように推移するかを想定する必要がある（図表4-12）。

7 成長戦略

プロパティマネジメントとは、不動産資産の収益に直接貢献するマネジメントである。これに対してアセットマネジメントは、投資主体（投資ビークル）の収益に直接貢献するマネジメントである。

プロパティマネジメントでは、内部成長が基本となる。自身の収益を蓄積して再投資し、新たな付加価値を得て成長を実現する。投資市場の調整から回復に向かう経済局面では、低迷していた賃料等の上昇が起きるため、資産自体の本源的な収益性の成長が期待できる。ただし、成長戦略の本質は、経費を節減して収益を生み出すことではない。「戦略的に」成長を目指すということは、再投資を行うことによって競争優位ある新たな付加価値を創造することである。

景気循環が進むにつれて、市場はやがて過熱化してくる。賃料の上昇が限界に近づき、さらにオーバービルディングが続けば賃料が下がり始める。その段階でいくら再投資を行い上質なプロパティマネジメントを用いても、大きな成長は期待できなくなる。

アセットマネジメントでは投資主体に貢献するために、資産に投資してポートフォリオを組成したり、資産をオフバランスしてポートフォリオを組み替えたりする。

ディストレス・アセット（痛んだ資産）に投資して再生し、価値を高めて市場で売却することでキャピタルゲインを得たり、高収益の資産をポートフォリオに組み込むことによって、全体の収益性向上を目指す。

このように、「資産自体の内部成長」と「資産ポートフォリオの組み替え」によって成長を戦略的に実現する。

不動産投資信託（ＲＥＩＴ：リート）はその運用成績の公表において、配当成長の高さ（ＲＯＥ）だけでなく内部留保の高さ（Ｐａｙｏｕｔレシオ）を強調する。ＲＥＩＴの投資ビークルに蓄えられた内部留保は、戦略的な再投資の財源である。そこでは当然、この内部留保がアセットマネージャーの都合の良いポケットマネーではなく、将来新たな収益を生む財源となる説明責任が果たされなければならない。

この財源を元に外部資金を使い、レバレッジを利かせて新たな資産に投資し、投資ビークル全体の価値を上げることが期待される。

高い期待収益が要求されるファンドは、市場の景況に関係なく、常に高いパフォーマンスを実現し続けなくてはならない。したがって内部収益の成長が鈍くなると、果敢に新たな資産の取得あるいはＭ＆Ａを行っていくことになる。

アメリカのＲＥＩＴ産業は１９６０年代に開発され、１９９０年代にエクイティ型ＲＥＩＴが大きく成長した。１９９０年末までに、ＲＥＩＴ会社の数は２００社、15兆円まで市場規模が拡大した。２０００年、調整期に入りアメリカのＲＥＩＴ市場指数もマイナスを示したが、新たにＲＥＩＴ同士のＭ＆Ａが盛んに行われ、それ以降、ＲＥＩＴ社の上場数は拡大せず、むしろ減少しながらも、２００７年には市場時価総額を50兆円近くにまで成長させている（図表４‐13）。

最近の投資戦略において、成長戦略とは、単なる内部留保による成長よりも新規投資の拡大やハイレバレッジを利かせたＭ＆Ａによる拡大を意味する。そのような市場トレンドでは、レバレッジがアセットマネジメントの成長戦略における重要なツールになる。

図表４－13　アメリカ REIT 産業

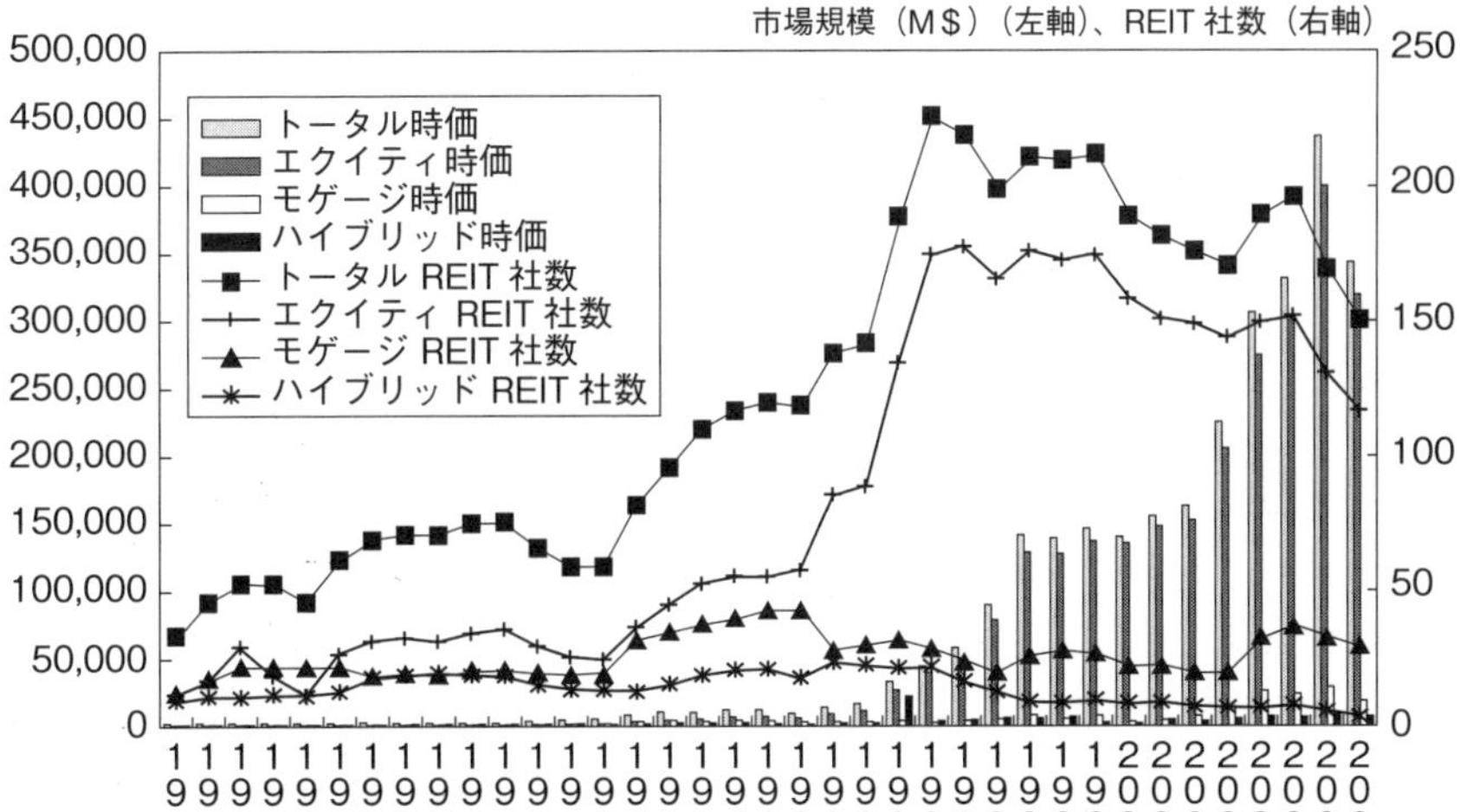

※NREIT データを元に筆者作成。

8　REIT

はじめに、REIT（Real Estate Investment Trust：不動産投資信託）の機能について言及する必要があろう。

REITとは、小口の投資資金をプールして大口の資産に投資をするファンドであり、私募のプライベートファンドに対して、公募によるのがREITである。公募であるため、私募に対して投資家保護の制約がある。

ファンドの投資先には、現物不動産資産だけでなく、融資による運用形態のデット融資型もある。アメリカでは1960年に法整備されて以来、さまざまな変態を繰り返し1990年以降、エクイティ型ファンドが主流となった。

REIT黎明期のアメリカ経済

REITが成長した背景には、レーガノミクスと呼ばれる経済政策が破綻したことによって生じた多額の不良債権処理の問題があった。

1980年代のレーガン大統領（在位1981-1989年）のとったレーガノミクス政策では規制緩和、優遇税制政策がとられ、投資の拡大が進められた。1981年の経済再建税法（the Economic Recovery Tax Act of 1981）により非居住用減価償却期間を半分以下に短縮し、キャピタルゲイン課税の大幅減税、損益通算の特例を行った。

その結果、この税制の恩恵を最も受けられる投資形態であるリミッテド・パートナーシップ（共同経営）の投資ビークルを利用した不動産投資が拡大した。そのまま市場は加熱し、過剰投資（オーバービルディング）状態となったが、その後レーガノミクスの行き詰まりとともに、これらの不動産投資ビークルの多くが破綻した。

レーガノミクスの背景には、１９３０年代のアメリカの大恐慌以降とられてきたケインズ経済に象徴される財政投資による経済政策、つまり「大きな政府」から「小さな政府」への転換にあった。

所得の損益通算、加速減価償却法等の減税政策により景気を刺激し、同時にそれまでの公共投資に代わり規制緩和による自由競争原理を市場に導入した。その結果、本来融資先等の規制が厳しかったさまざまな金融機関が競って不動産投資等への融資を拡大し、目先の収益追及に走った。また、レーガノミクスは同時に軍事増強を進め、「スターウォーズ計画」と呼ばれる戦略防衛構想等、巨額の軍事費を必要とした。

一方、敵対するソ連（当時）はこれに対抗して軍備増強をするだけの体力をすでになくしており、ゴルバチョフ大統領とのジュネーブ会談（１９８５年）に次ぐレイキャビック会談を経て、冷戦の終焉へと向かう。同時にレーガノミクスも、巨額の軍事費を賄うだけの税収を上げることができず、財政破綻する結果となった。

その後１９８６年には、税制改革（Tax Reform Act）により政策の方向転換をし、所得税の引上げ、減価償却期間の長期化、所得外費用控除制限、利子控除制限等、１９８１年に行った優遇税制に制限をかけた。特に損益通算の制限は、タックスシェルターとして用いられた投資ビークルのリミッテド・パートナーシップのメリットを失った。その結果、市場は一気に縮小し、多くの金融機関が破綻した。特にS&Lといったアメリカ特有の競争力の弱い金融機関へのダメージが大きかった。S&Lは「貯蓄貸付組合」と呼ばれる信用組合であった。

S&Lは本来、営業エリアが規制され、エリア組合員の出資によって住宅融資を専門に行っていた。それが規制緩和とともに商業銀行の住宅融資への参入、他の部門への融資の拡大と、相互の競争を通じて厳しい経営を強いられるようになった。効率の悪い部門を市場原理によって淘汰し、市場全体を効率的にさせようという政策自体は評価されるものであろう。

しかしレーガノミクスの失敗を受けて、1988年までにS&L全体の約4分の1が破綻した。同様に、1991年のニューイングランド銀行をはじめとして多くの商業銀行も破綻した。

ファンドビジネスの果たした役割とそのリスク

ここで生じた不良債権を処理するために用いられたスキームが「再生ファンド」である。不良資産の対象となっていた絵画から不動産まで、ありとあらゆるものを公的資金で設立された整理機構の再生ファンドを受け皿として適正な市場価格で買い取り、時間をかけずに市場の新しい活用者に流動化(証券化スキーム)させたのである。

この経済再生政策の本質は、金利政策でもなければ財政政策でもない、流動性を失った市場に再び流動性を機能させたのである。1990年代はじめのことである。

このファンドを用いたビジネスモデルの成功と市場での定着が、そのままアメリカのREIT産業の隆盛につながった。レーガン大統領の生み出した不良債権は、その後のブッシュ政権、クリントン政権（第1期）にわたって処理され、クリントン政権（第2期）下で処理再生を終えたことにより、再びアメリカ経済の隆盛を迎えたわけである。

日本における不良債権の処理では、同様のビジネスモデルを投入したにもかかわらず10年以上の時間を要した。この違いについては多くの議論がなされているが、アメリカでは上記のような公金を注入した大がかりな処理と併せて、放漫経営をした金融機関及びその関係者が何千人と摘発された。それに対し日本では、例外を除いて、金融機関トップの辞任程度で処理を終えている。「摘発という強権処理は日本的でない」という考え方と引き換えに、多大な時間と労力を要したともいえよう。

このようにファンドが市場で果たしたことの本質は、痛んだ資産（ディストレス・アセット）、収益を生まなくなった資産（不良資産）を、小口のリスクマネーを集めて分散してリスクをとり、買い取り再生をする「器」としての役割であった。

資産は、その本来の寿命以前に何度も市場価値を失うことがある。その時に受け皿がある市場とない市場とでは、市場の魅力がまったく異なる。そしてその実行は、時間をかけずに行う方がより効果的であるということである。不動産投資市場で、景気循環的な過剰投資が避けられないとしても、このような処理方法があれば、必要以上に破綻に怯える必要はない。

一方、不動産投資ファンドでは、競争原理により選りすぐれた不動産資産を集め、最高のプロパティマネジメント技術を集中投下し、最高の収益を求めようと競争を繰り返す。

例えば自動車産業の最高峰であるF1レースでは、最高の車、最高の技術者、最高のドライバーを集め、激しい競争を繰り広げる。そこで開発される技術は、その後幅広く自動車産業に貢献し、市場に技術革新をもたらす。

市場は、技術革新（イノベーション）によって新しい均衡を生み出し、移行する。

これが第3章で紹介した経済学者シュンペーターの理論であった。

F1の理論と同じように、トップクラスのREITが将来幅広く不動産投資市場に貢献することは、このようなファンドが、社会にその存在価値が認められたことを意味する。

現在激しい競争が繰り広げられているグローバル市場では、いくつかの新興国の隆盛が著しい。この隆盛をなしている新興国では、ドバイ、上海、台北、シンガポール、クアラルンプール等、急速な都市開発が行われている。都市開発は非常に大きなリスクを伴うため、リスクマネーでファイナンスされる必要がある。一方世界には、ある程度リスクをとってでも高い期待収益率を求めるリスクを志向した投資マネーが急増している。このリスクマネーの需要と供給の一致が、これらの都市開発に必要なマネーを供給している。

1960年代のアメリカでREITが登場して以来、世界中にREIT産業が登場した。2007年現在では、アメリカ、オランダ、オーストラリア、マレーシア、カナダ、ベルギー、トルコ、シンガポール、日本、韓国、香港、フランス、イギリスで上場されている。また今後、ドイツ、インド、中国、ロシア等でも構想が検討されている。

2000年以降、東京あるいは大阪、名古屋でも、盛んに「再開発」という質の高い都市開発が進んでいる。この再開発に対するファイナンスが、やはり東京のREIT市場あるいは金融資本市場を通じて組成されている私募ファンドによってなされている。

このような資金は従来、「公共投資」という形で供給されてきたものであるが、世界的に市場経済が広がる中で、「小さな政府」が標榜され、公的な資金供給が削減されていく傾向にある。これに替わって機能したのが、ＲＥＩＴや私募ファンド等のリスクマネーである。良い意味でも悪い意味でも、市場というフィルターを通じてリスクマネーが配分されることによって、ＲＥＩＴ産業の社会的意義が今後大きくなっていくであろう。

しかしそれは、このような社会資本の金融資本化により、資本市場がリスクにさらされる度合いが大きくなることをも意味している。

第5章
エクイティとリスクマネジメント

1　リスクの氾濫

「リスク」の登場

「確実」な投資収益には、リスクは存在しない。「不確実」な収益のことをリスクという。そして、収益が不確実な投資資産をリスク資産という。

投資をすることは「リスク資産を保有すること」、「リスクポジションをとること」を意味する。

「リスク」という概念は、いつから存在するものなのだろうか。

すでに神話の時代から、サイコロ賭博のようなものは行われていた。そこでは当然、サイコロの目は不確実であり、一種のリスクであった。しかし、このような自然の秩序をつかさどるのは神のみの領域であり、人間は神が作った秩序をどのように受け入れるかという哲学をつかさどるにとどまった。

中世のルネサンス期には、サイコロを振り続けると、各目が出る確率が6分の1になるという「大数の法則」が、ヤコブ＝ベルヌーイ（1654‐1705）によって明らかにされた。やがて、ロンドンの港から出航する船を記録することによって得た「出航した船のうち何隻が難破し、何隻が戻ってくる」というデータから、リスクを回避する「保険」というビジネスモデルが登場した。また、生命統計から生命保険というビジネスモデルが可能となり、記録するブックからブックメーカーという賭博のビジネスモデルが生まれた。

このように数学、統計学、天文学等、さまざまな学問が登場するにしたがって、リスクは神のものではなく、人間が掌握できるものへと変わっていった。

このような「リスク」の歴史をはじめて紹介したのが、ピーター・バーンスタインの著作『リスク――神々への反逆（Against The Gods）（日本経済新聞社、１９９８年）』である。この本は１９９６年にアメリカで発刊された後、すぐにベストセラーとなった。その後、日本で翻訳本が登場したのが１９９８年である。つまり、市場でリスクに対する関心が高まってから、まだ10年足らずしか経っていないわけだ。

日本の投資市場での「リスク」の顕在化

図表５‐１は、インターネット（データ：日経テレコン21）で調べた日本の新聞記事内における「リスク」という語句の件数である。

これを見ると、１９７５年からの５年間では２００件あ

図表５－１

1975-79	237 件
1980-84	3,943 件
1985-89	18,610 件
1990-94	41,232 件
1995-99	86,696 件
2000-04	151,304 件
2005-07	88,267 件

まりしかない。

特に1980年代後半のバブル景気過熱、1990年のバブル破綻とともにリスクという言葉が市場に氾濫したことが観察できる。この時代、市場での事件・現象に何でも「リスク」という言葉を付けて説明すれば、まるでリスクマネジメントの精通者になったかのようにふるまうことができた。ビジネスリスク、市場リスク、為替リスク、金利変動リスク、リーガルリスク、地勢リスク、環境リスク……細かいところで土壌汚染リスク、アスベストリスク、耐震耐火偽装リスク……等。

ところがこの図表によると、明らかに2005年以降、リスクは減少する傾向にある。つまり、これら市場のリスクを〝マネジメント〟できる技術が市場に登場したことで、ポストデフレ時代に入ったのである。これが2005年以降のデータに現れているわけだ。

第3章の図表3‐1で見たように、市場のプレミアムリスクが大きいか小さいかは、そのまま景気循環に影響をもたらす。やたらリスクを連呼するプレーヤー、バブルのトラウマを恐れてリスクを過大評価するプレーヤーが市場にいる間は、市場が好転しない。

新しいリスクマネジメント技術を独自に開発して、リスクに果敢にチャレンジする新しいプレーヤーの登場が市場を活性化させるのである。

図表5‐2は、リスク資産の代表として、東京証券株価指数（TOPIX）の50年間超の営業日終了時のデータを集計したものである。

ＴＯＰＩＸの最大値は１９８９年12月18日の２８８４・８であり、バブル経済破綻後の最小値は２００３年３月11日の７７０・６である。

この期間の営業日一日の変動幅で見てみると、一日の変動幅の平均が０・０３１％、ばらつきが０・９３％である。50年間の一日の最大下げ率が１９８７年10月20日の△１４・６％である。この日は、前日にニューヨークで〝ブラックマンデー〟と呼ばれる株価の大下落があった翌日で、東京もその影響を受けた。

同様に、50年間で営業日一日の変動率で最大上げが１９９０年10月2日の９・５％である。この日は、前日の10月１日に日経平均（日経平均の最大は１９８９年大納会の３万８９５０円）がたった10ヶ月足らずで2万円を割り込み、市場が大きなショックを受けた翌日で、「そ

図表５－２　TOPIX営業日終値

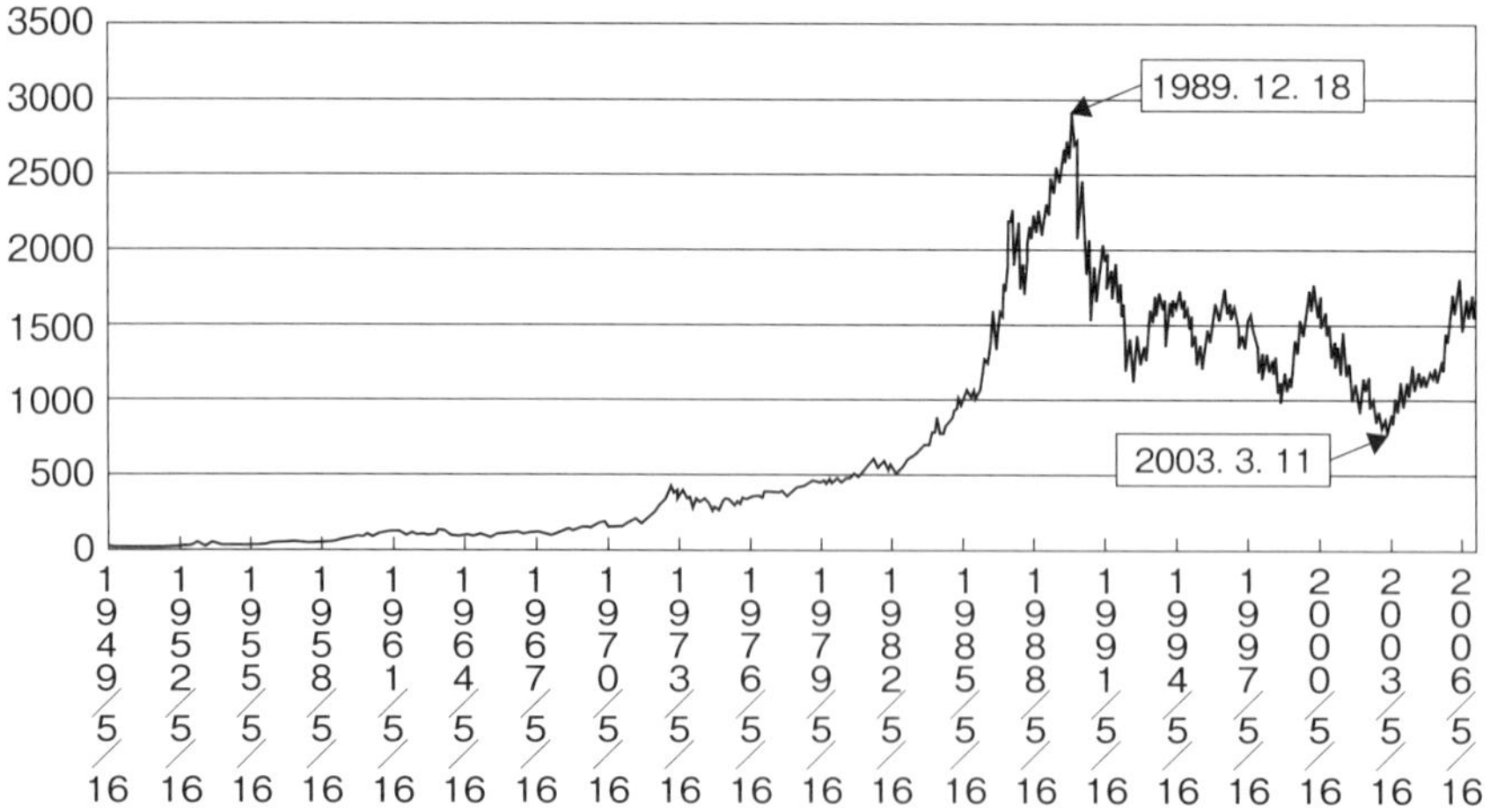

※東京証券取引所資料を元に筆者作成。

こまで下げることはない」という市場の大反発が生じた。この時の反発が50年間中の最大上げ幅となっている。

次に図表5－3は、地価公示の変動率の代表として、東京都新宿区の年間変動率を示している。地価公示制度は1970年初頭から始まった。地方によっては1975年以降のトラフィックしかないところもある。このデータ36年間の最大下落率は1994年の△31％で、最大上昇率は1987年の84％である。

図表5－2、5－3にみる資本市場の代表としてのTOPIXと地価公示の代表的な変動率の過去の最大値と最小値をおさえておけば、今後生じるリスクとの比較が可能になる。

図表5－4でTOPIXと地価の年間変動率を比較すると。TOPIXが平均12・3％、標準偏差28・0％、地価が

図表5－3　地価公示変動率（東京都新宿区）

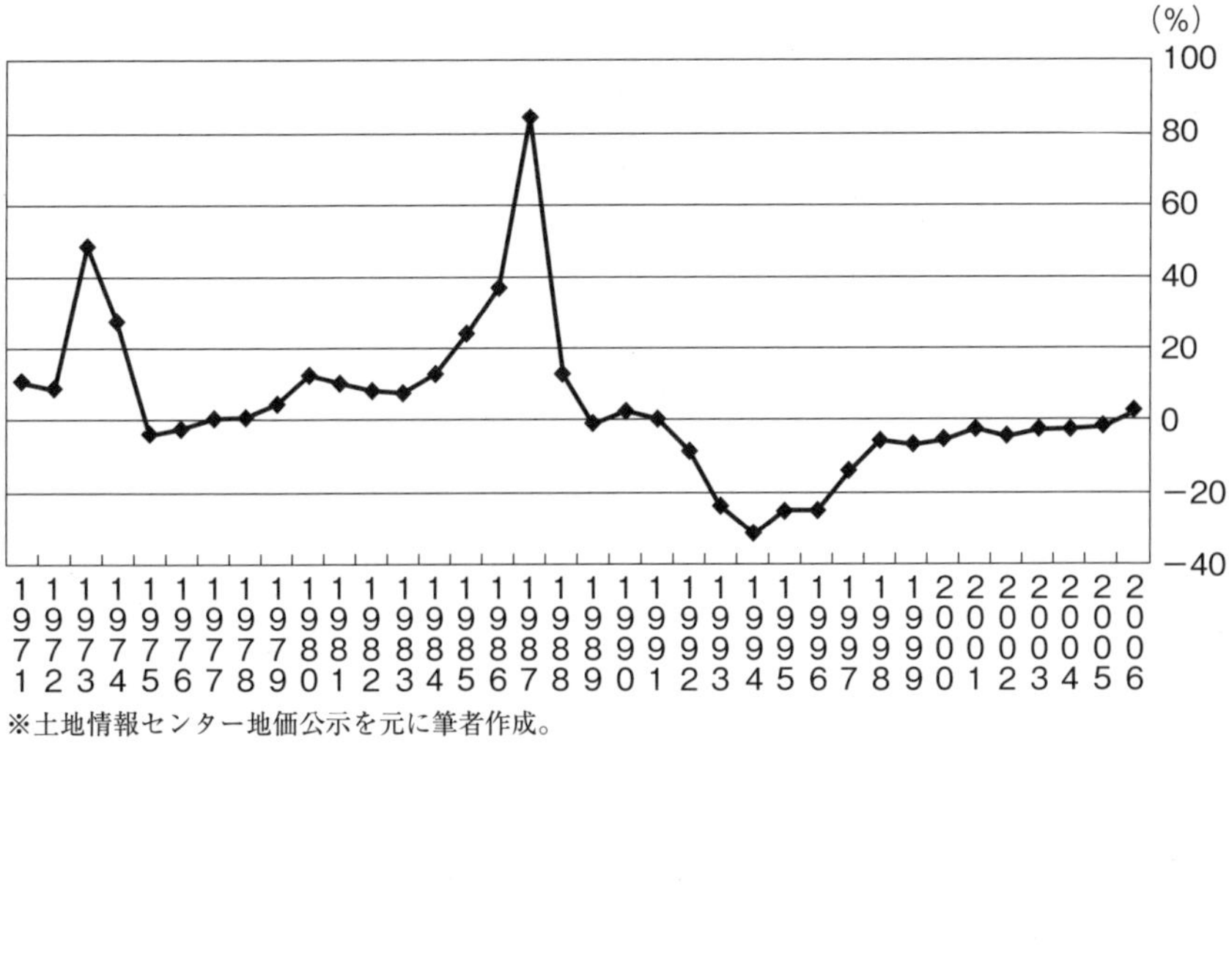

※土地情報センター地価公示を元に筆者作成。

図表５－４

	TOPIX 営業日 日データ	TOPIX 営業日 変動率	TOPIX 年変動率	新宿区 地価変動 年率
平均	659	0.031%	12.3%	4.5%
中央値	359	0.044%	7.7%	0.95%
標準偏差	686	0.932%	28%	21.1%
最小	10	－14.624%	－39.3%	－31%
最大	2,884.8	9.544%	102%	84.4%
標本数	16,072	16,071	56	36

図表５－５　TOPIX・地価年変動率正規分布

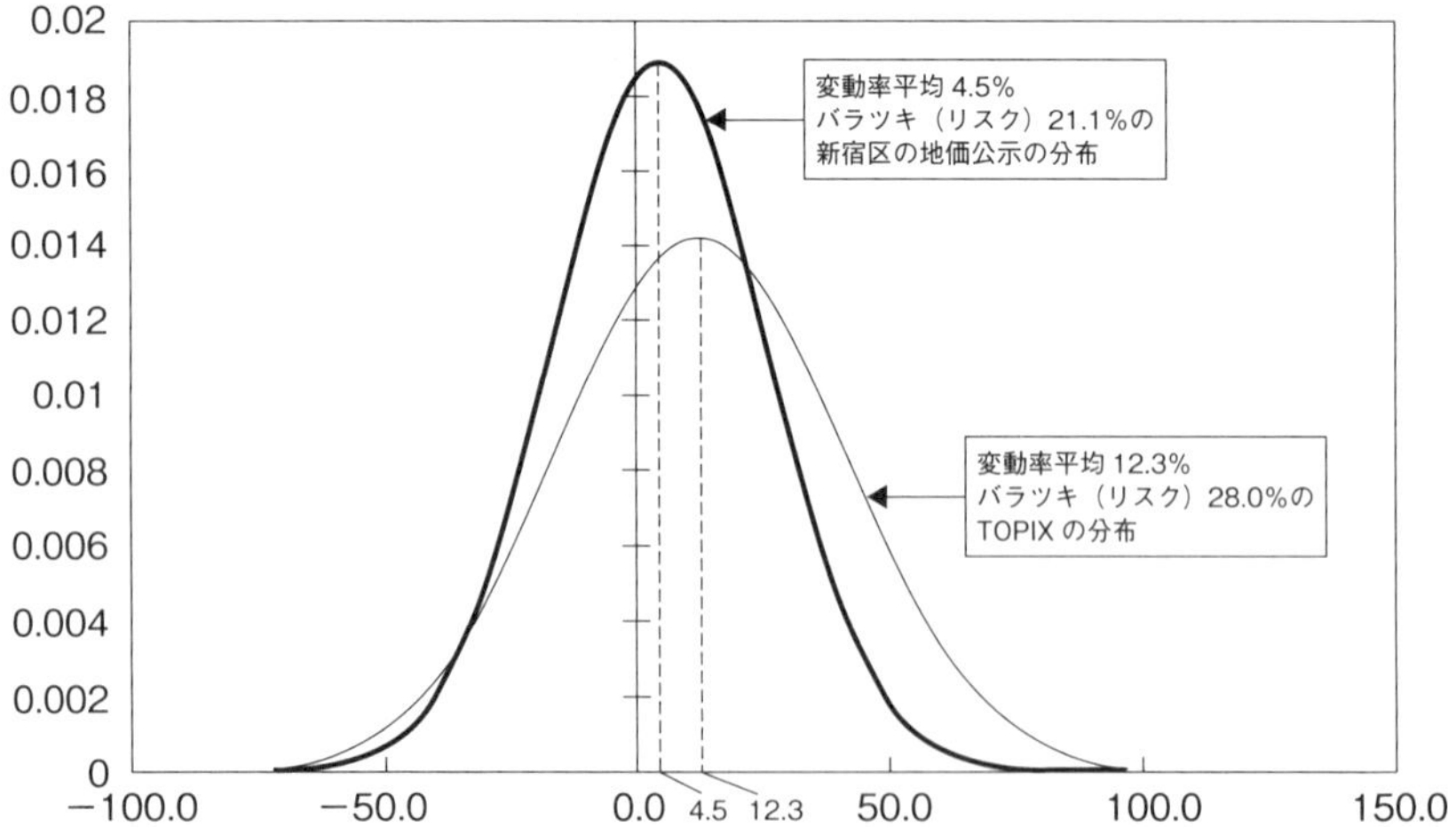

平均４・５％、標準偏差２１・１％となる。

それぞれを正規分布としてイメージしたのが図表５‐５である。

正規分布だけで比較すると、確かに平均収益率はＴＯＰＩＸの方が大きいが、リスクも若干大きいことが観察できる。

2 リスクマネジメントの目的

$$ROE = a + (a - i) \times \frac{負債総額D}{エクイティ総額E}$$

不動産投資を戦略的に行うためには、レバレッジをツールとして多用し、成長を戦略的に求めることが必要となる。前章で解説したように、レバレッジは上記の等式で表すことができた。

図表5-6にあるように、a（収益率）とi（金利）の関係で成長戦略とリスクマネジメントの分野が定義される。リスクマネジメントの目的は、投資ビークルがオーバーレバレッジを引き起こさないようにすることであった。オーバーレバレッジは、aとiのポジションが変わることによって生じた。したがってリスクマネジメントは、不動産資産の本源的な収益であるaをマネジメントすることと、市場リスクであるiをリスクヘッジすることによって実行される。

資産の収益率aのマネジメントは、プロパティマネジメントになる。このプロパティマネジメントを単に、賃料回収、リーシング等の業務の管理として捉えるのではなく、「オーバーレバレッジを起こさない」という目的で行うことが重要となる。また、単に高収益を目指すのではなく、常に高いレバレッジを「支える」という目的を持つ必要がある。

戦略的に投資を行うためには、不動産資産に競争優位ある価値を与える必要がある。例えば、高度な賃貸管理（リーシング）、施設管理（ファシリティーマネジメント）、テナントとのカスタマーリレーションシップ（関係協調）が競争優位ある収益を生み、収益の劣下を防ぐ。これが結果的にオーバーレバレッジリスクを低減することになる。

そのためにはプロパティマネジメントの技術だけでなく、第1章、第2章で紹介したブランド戦略、エリア戦略、グローバル戦略等、あらゆるマーケット戦略を駆使しなければならない。また、収益性が劣下してしまったものに対しては、バリューアップ等の再生技術を要する。

リスクマネジメントには概ね3つの手法がある。第一にリスク資産をオフバランスしてしまうこと。第二に、高い技術・戦略でリスクを〝マネジメント〟すること。第三にリスクをヘッジすることである。

そもそもリスク資産のオフバランスは、リスクポジションの解消である。

資産の本源的な収益性aのリスクがビジネスリス

図表5－6

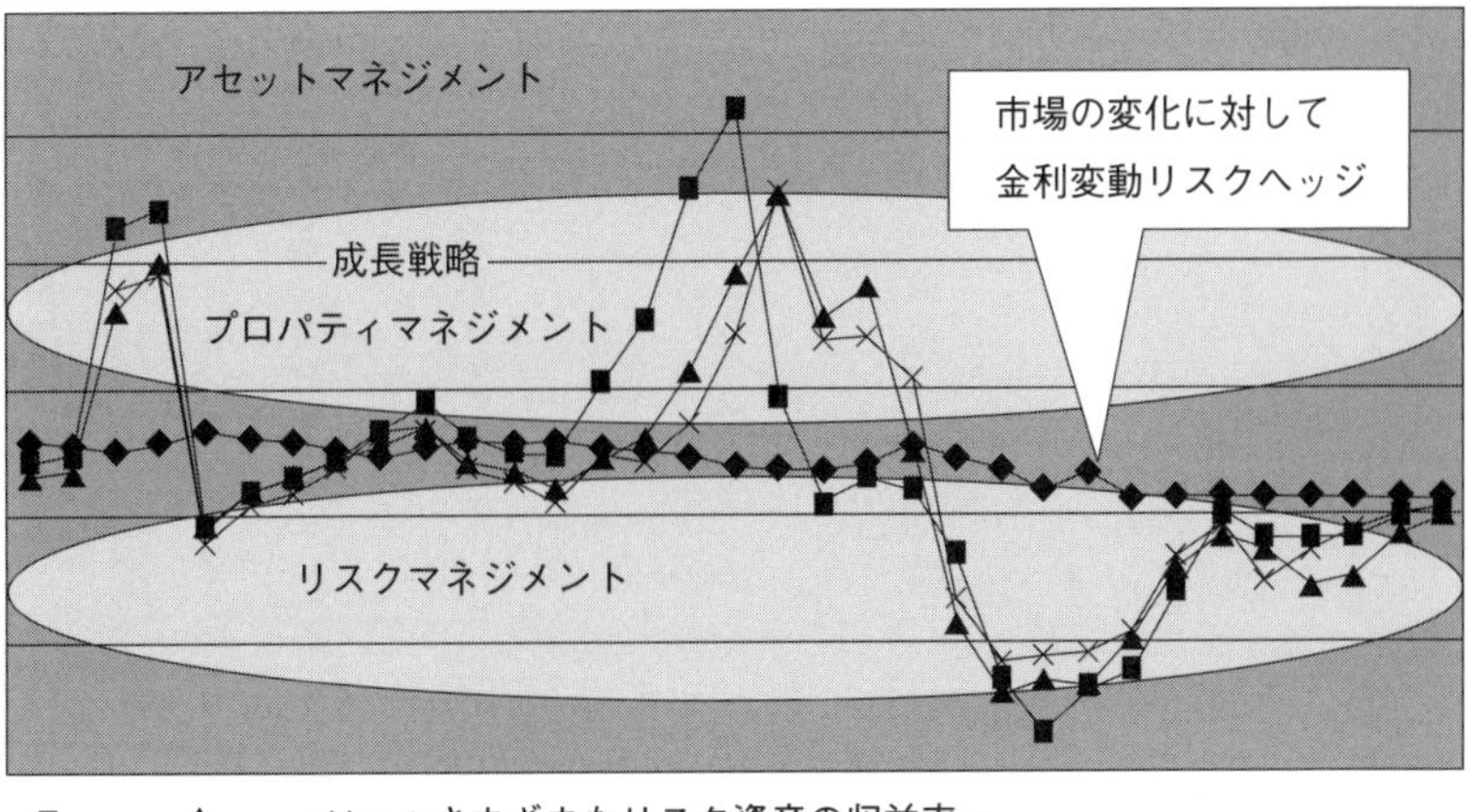

—■—・—▲—・—×—：さまざまなリスク資産の収益率a
—◆—：金利i

クであり第二のリスクマネジメントにより改善される。

金利iのリスクが市場リスクであり第三のリスクヘッジでマネジメントされる。資産の本質的収益のリスクを減らすことができるのは、プロパティマネジメント（分散技術を含む）である。逆に市場リスクは、プロパティマネジメントでリスクマネジメントできない。市場リスクはデリバティブ商品等を使ってリスクをヘッジ（移転）することになる。

広義のリスクマネジメントの目的には、リスクの「低減」と「移転」と「オフバランス」の3つがあり、それぞれどのような状況以下でのオーバーレバレッジに対処するものかによって、これらの目的も違ってくる。

3　リスクヘッジ

$$ROE = a + (a - i) \times \frac{D}{E}$$

金融デリバティブによるリスクヘッジ

市場にはインベスター（投資）、スペキュレータ（投機）、ヘッジャー（保険）が存在する必要がある。

リスクの大きい投資には保険をかける必要があるが、そのためにはその「保険」という大きなリスクを引き受ける投機部門が必要となる。ここでいう「投機」とは、理論的な均衡値を知らずに結果的に大きなリスクをとることではなく、理論的に大きなリスクを引き受けるセクターである。リスクをヘッジすることの本質は、リスクを消し去るマジックではなく、リスクをとれない人からとれる人への移転あるいは交換である。

市場変動であるｉ（金利）のリスクを金融デリバティブ商品を使ってヘッジする。ｉを固定するなり、一定以上高くならないようにすることができれば、オーバーレバレッジが起きるリスクはなくなる。

例えばある実物不動産の投資家が、確実に収益ａを５％以上は確保できるプロパティマネジメントの技術を持っているとしよう。その場合、この投資家にとっては、金利ｉが５％以上上昇しなければ、オーバーレバレッジになることはない。

このような金利が一定以上になるリスクをヘッジする金融デリバティブが「キャップ」である。キャップの一例が図表5‐7にある。

この図表の例では世界的に最も市場に敏感なレートとして、ロンドン銀行間貸出金利（LIBOR）に3％スプレッド（上乗せ乖離）したものを市場金利とする。キャップとは、この市場金利が5％以上上昇した場合、その5％超の部分は支払わなくてもよいという金融商品である。

ヘッジしたい投資家は、銀行等の仲介でこのキャップを必要な分購入する。つまり借入金が10億円あるとして、その半分をヘッジしたいと考えると、5億円分のキャップを購入する。

このような金融デリバティブには「フロアー」という商品もある。フロアーとは図表5‐8のように、金利が0・5％以下、例えば0・1％に下がったとしても、一定の0・5％を支払いますというキャップとは逆の商品である。

図表5‐7のようなキャップ商品を購入するときに、同時に図表5‐8のようなフロアーを売っておけば、キャップコストの節約になる。これが金利カラー取引（図表5‐9）である。

キャップ料は、その先の金利変動のボラティリティ（幅）により算定されるが、これは引き受け手によって異なる。これに対して金利スワップ等の金融デリバティブは、固定金利、変動金利をそれぞれ信用ポジションの違う者同士で交換するものである。仲介する銀行は仲介手数料を受け取るだけである。

このように金融デリバティブ商品を使うことで市場リスクをヘッジできるが、注意しなければならないのは、「解約ができない」という点である。

図表５－７　金利キャップの購入

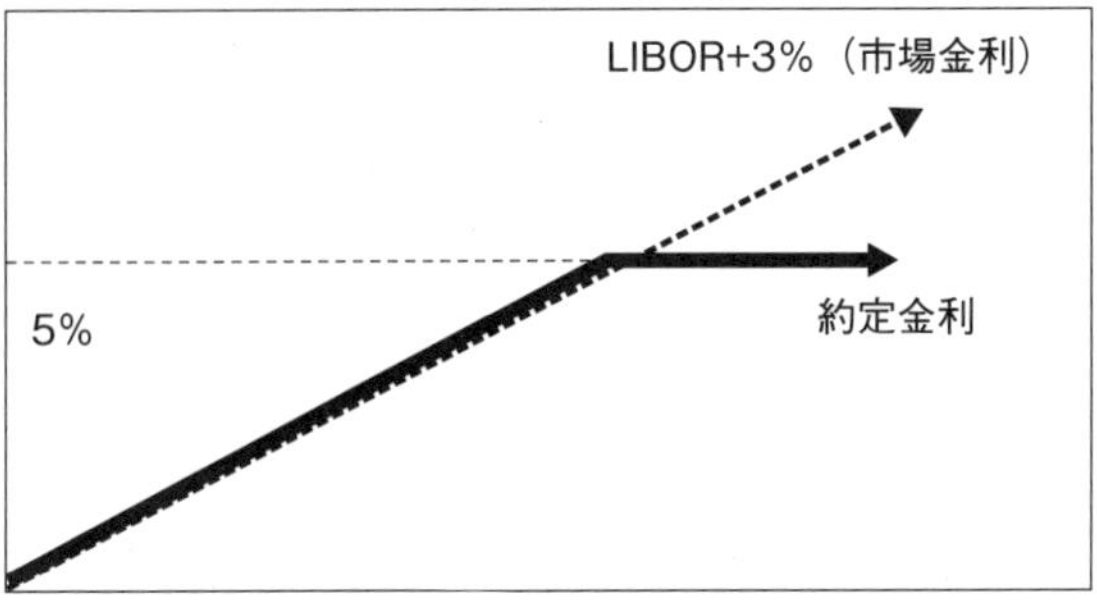

図表５－８　金利フロアーの売却

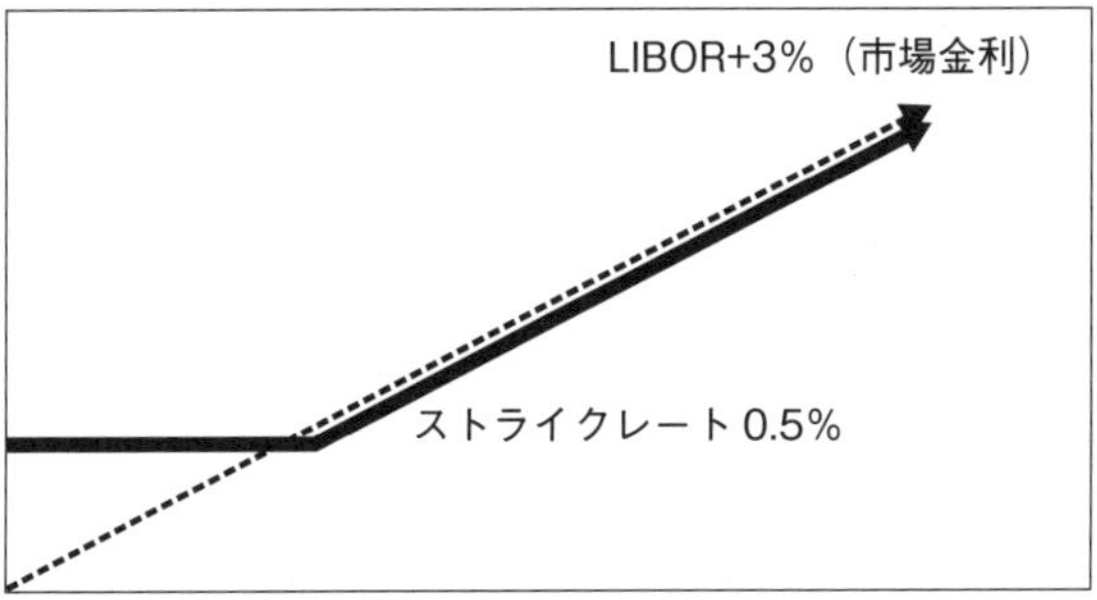

図表５－９　金利カラー取引

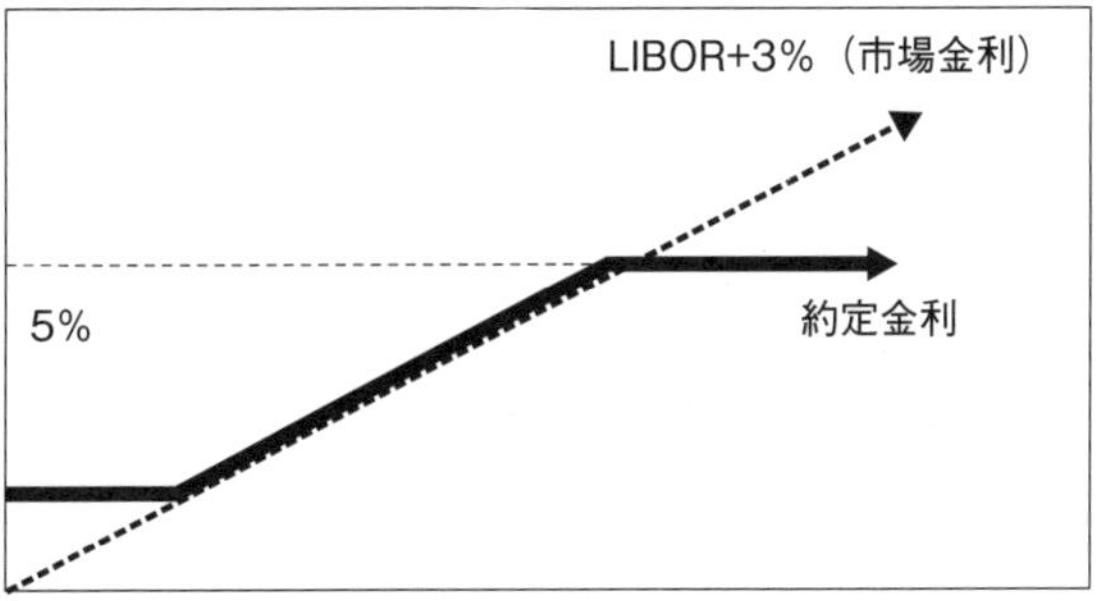

これらはリスクの移転であり、必ず引き受け手がいる。途中で解約することによって被る相手方の損失を補償しなければならない。この場合の補償は、本来相手方が得られた利益に相当し、実質約定した金利に相当する全額が補償されなければならないケースもある。不測の事態に、レバレッジを解消して借入れを返済しようとするとき、多大な損害金が発生し、それゆえにタイミングを逃し、流動性を失うことが最も恐れられる事態である。

1998年のロシア通貨危機の際に破綻したヘッジファンドLTCMは、ノーベル賞受賞者を顧問に迎え入れて独自のファイナンスモデルを開発し、市場の収束価格を推定し、市場で裁定取引を繰り返して利益を上げる手法をとっていた。必ずしも直接的にロシアの通貨モラトリアム（債務不履行宣言）に関係する商品を多く手がけていたわけではなかったが、この通貨危機を機に市場が一気に資金を引き上げたことから、市場での流動性をなくし、瞬時に破綻することになった。

市場で流動性をなくす流動性リスクは、あらゆる場面で大きな危機となる。それまではリスクでもなんでもなかったものが、一気に信用クランチを起こし破綻する。市場の流動性リスクは津波のようなものであり、ロシアで端を発した通貨危機は、それに関係があろうがなかろうが、市場を流動性リスクで飲み込み、市場のいたるところで資金の引上げが生じ信用クランチを引き起こす。言うなれば、レバレッジが高い投資ビークルは、市場という道路を「超高速」で走っているようなものであり、道路上に急に落石があっても止まれず、コントロールを失うだけである。

このような場合、金融当局は市場の流動性を確保するために、巨額の公金を何のためらいもなく注入する。２００７年のサブプライム住宅ローン証券を運用しているヘッジファンドの破綻においても、アメリカ連邦中央銀行をはじめ各国の中央銀行が、時を待たず市場に資金の注入を行おうとした。資金の引上げによる流動性リスクに対処するためである。

保険商品とデリバティブ商品の違い

ここまでは「ヘッジ」を「保険」と同意語として解説してきたが、保険デリバティブによるリスクと、従来の保険の概念によるリスク担保には、明確な違いが存在する。

例えば、損害保険は発生する損害額が確定された上で、その損害に対して保険金が支払われる。火災保険等がその例である。これに対して天候デリバティブ、地震デリバティブ等は、最初からコミットメントされた所得保障に対して支払われる。この所得は実際の損害を確定する必要はない。

極端な話、上記例のキャップを基準金利ＬＩＢＯＲ＋３％、ストライク金利５％で１億円分購入する場合、本来なら１億円以上の借入れが存在し、実害となる金利の支払いが発生するはずだが、この借入れをしていない人が、単純に投機目的でこのキャップを購入することも可能である。ただし、銀行には販売（倫理）基準があり、このような投機目的の販売を断るケースがある。

デリバティブは実損害の確定を待たず補填の確定がなされるため、不確実性がなく、また証券化技術によって倒産隔離が可能となり、保険会社がつぶれる信用リスクがある保険商品とは異なる。

日本でもデリバティブを使った地震リスクヘッジの実例が登場している。件数としては決して多くないが、ディズニーランドを擁するオリエンタルランド（1999年総額2億ドル）等、非常に重要なセクターであり、その規模も大きい。

倒産隔離のあるSPC（特定目的会社）から投資家向けの証券を発行し、これによって元本を集める。配当はデリバティブの購入者（ここではオリエンタルランド）が払うデリバティブ料が当てられる。期間中に地震が発生すれば、SPCに集められた元本の全部あるいは一部を購入者が受け取ることになる。また地震の発生がなければ、元本は投資家に償還される。

これが従来の損害保険になると、地震が発生した場合、実際に発生した実損害の算定が時間をかけて行われ、なおかつ、本当に実損害額を保険会社が支払えるか、という引受損害保険会社の倒産リスク、地震全体の被害が保険会社の想定を超えた場合免責となるリスクを引き受けなくてはならなくなる。

保険会社の損害保険商品は金融商品と違い、保険業法の制約、保険会社の資本金制限による制約を受けるが、デリバティブは現在のところ、投資家保護の法律程度の規制しかない。

従来の保険のビジネスモデルからこのようなヘッジデリバティブへの移行は、市場に増大するリスクマネジメントのニーズに従来型の保険ビジネスモデルが対応できない一方で、デリバティブ技術が新規に参入することによって起きている。

保険市場では、大きな保険になると、一企業の資本力でリスクをとることができず、再保険をすることになる。ロンドンのロイド保険等は、再保険専門の保険企業であった。しかし、最近のように市場でのリスクの量が拡大する状況では、再保険をさらに再々保険しなければ、リスクをとれない状況が生じる。

保険会社は、もし準備していた保険支払基金を上回る台風、地震等の被害が生じると、保険金が支払えなくなる。それを避けるためには支払限度額を設定して、本来の被害額の支払いをカットしなくてはならないが、これは保険者のニーズに応えるものではない。

保険会社も企業である以上、資本金を限度としてリスクをとることになる。保険市場全体の保険引受資本が無限に近いものであればよいが、市場で増加しつつあるリスクの総量に対して、それを引き受けるに十分な資本がなければ、再々保険が繰り返され、保険業界の中で「リスクのたらいまわし」が生じ、結果的にリスクを引き受ける保険料が高騰することになる。

２００６年度の日本の損害保険会社各社の企業財務資金内容を見てみると、火災・自動車・地震その他の引受保険料が業界全体で９兆円弱となっている。これに対し、年度中に支払われた保険料が４兆円超である。年度中の受取保険料で支払うことができないような大きな被害が発生したときのために準備してある支払保険料の準備金が約23兆円である。もしこれを取り崩しても支払えない場合は、企業の資本金を取り崩して支払わなければならない。この資本金合計が約９兆円である。

今後、今より付加価値の高い資産が作られ、これらが生産性の高い都市部に高度に集中し、そこへ都市災害が起きると、非常に大きな被害が出ることが予想される。はたして現在の保険業界のリスクの許容度が、市場ニーズを満たすかどうかという議論が必要になる。ちなみに１９９５年の阪神淡路大震災の被害総額は、10兆円を超えているといわれている。これに対して地震保険で支払われた保険金は、数％でしかなかったといわれている。これでは市場ニーズに対応しているとはいいがたい。

リスクの連鎖が引き起こすもの

地震による大災害リスクのヘッジの問題は、もう一つ、非常に重要な問題を保険業界に投げかけている。

通常、保険の条項には、戦争・テロあるいは上記の地震については担保しないことが明記されている。保険の仕組みは、例えば年間に人がどれだけ事故・病気にかかり死ぬかという死亡率に料率をかけて保険料が算定されている。このため、本来、宗教的に、集団で連鎖して自殺するようなことは想定されていない。

何かが生じるとそれに連鎖して多くの人が死ぬ状況が戦争であり、テロであり、地震である。厳密に言えばペスト、新型インフルエンザなどの劇症感染性の病気なども当てはまるが、これは保険の対象となっている。

常に「独立」して人が死ぬ確率と、一つの事故が「連鎖」して他の多くの人が死ぬ場合の確率は【死ぬ確率＋連鎖が起きる確率】となり、後者の方が高い。これにより戦争、テロ等は保険料が非常に高くなるため、保険の機能をなさなくなる。日本でも過去の戦争保険を支払ったケースがあるが、その時は保険会社に壊滅的な打撃を与えている。

このように、従来の保険という概念では、連鎖的な共倒れを想定できない。個々に起きるイベントはユニークであるが、長い目で見ると実は相関性が非常に強いという事柄・事故は、昔からある。しかし、最近のビジネスモデルには、この長期データの蓄積がなされていないのである。

この問題は保険の領域だけではない。金融資本市場でも、リスクの連鎖こそが非常に大きな市場クライシスの要因となる。金融工学などのリスクマネジメントの基本的な考え方は、リスクが起きる確率を計量して、それに対する備え（損害額×発生確率）を準備するか、誰かに補填（移転）してもらうのが基本である。

例えば銀行の融資がデフォルト（貸倒）する確率を計算し、それに備えて資本を充実させる。これが世界的なＢＩＳ基準となっている。日本の金融庁も、銀行に対し厳しい基準を資本準備金で課している。

１９９０年代のバブル経済破綻にリンクした金融恐慌では、銀行融資がデフォルトすることは想定内であったものの、それが連鎖して恐慌に至ることまでは想定されていなかったといえよう。その結果、メインバンク破綻の「連鎖」が、金融市場を危機に陥れた。

２００７年に表面化したサブプライム住宅ローン証券問題では、根源的な住宅のオーバービルディングが起因して、他のデフォルトを連鎖（相関）して起こすことはある程度想定されていたが、精緻なデフォルト相関率を把握しきれていなかったといわれている。デフォルト相関率の信頼性が、市場ニーズの早さについていけなかったともいえよう。

いずれにしても、市場でリスクが増大していく中で、従来のリスクヘッジモデルである保険では対応しきれなくなりつつある。

その結果、保険市場、不動産投資市場その他の市場から移転されたリスクが、金融資本市場へ集まってきた。金融資本市場は現在のところ、規制等で硬直化している他の市場よりはるかにリスクの許容度が大きいとされている。さらにデリバティブの技術革新は、ヘッジャーのニーズへのカスタマイズが可能となり、今後ますます、より長期に低コストで、大きなリスクに対応していくと考えられる。

しかしそれは、リスクの金融資本市場へのさらなる集積が起こり、金融資本市場のリスク・エクスポージャー（リスクにさらされる度合い）が大きくなることを意味しているのである。

4 家賃保証

$$\mathrm{ROE}=\mathrm{a}+(\mathrm{a}-\mathrm{i})\times\frac{D}{E}$$

家賃保証というリスク移転技術

不動産投資のレバレッジの仕組みのaの変動リスクをヘッジする手法として、家賃保証がある。

家賃保証とは、アパートやマンションのオーナー（投資家）が仲介管理会社との間で募集家賃を取り決めて、それに従って入居率を保証してもらう手法である。投資家は保証を引き受ける会社に保証料として、家賃の通常7～8％を支払う。これは、十分なプロパティマネジメントの技術を持たない投資家が、入居募集に関するリスクを管理会社などに移転するシステムである。この仕組みを利用して、家賃収入がもし本当に一定以下に低下するのを避けることができれば、オーバーレバレッジが起きるリスクはなくなる。

本来、不動産投資は、マネジメント技術を持ち得ない不動産投資家にとっては、リスクのある投資である。しかし、このような収益の劣下をヘッジするビジネスモデルが普及したことが、リタイア後の不動産投資、あるいはサブビジネスとして不動産投資市場への新規参入を可能にし、市場を多様性のある厚みのあるものとしたといえる。不動産ビジネス市場としては、非常に貢献をしたビジネスモデルである。

しかしこの家賃保証には、いろいろな形態、表現があり、混乱しているのも事実である。例えば「サブリース契約」である。サブリース（借り上げ）契約は一括借り上げされると、そのための賃料が確定するが、契約主体が移ってしまう。その場合、どこまでそれに付随して想定されるリスクが移転するか、不明確な場合が多い。サブリース会社が倒産した場合、賃料請求権の法律的な処理が煩雑になる。また、サブリース料が一定であればよいが、変動するようであれば必ずしもリスクのヘッジにはならない。

一方「家賃保証」は、一定の保証コストを支払って家賃が保証される。引き受ける方は、入居を確実にするため、一般的に設定の賃料を相場より低くする。何らかのリスクが発生して入居率が落ちたときに、賃料改定がなされて入るところまで下げることを強いられれば、投資家にとって保証とはいえなくなる。

移転されたリスクはどこへ行くのか?

また、引き受け手の不動産仲介会社、自社の卓越したリーシング技術によって移転されたこれらのリスクの保証を受けることになるが、引き受けた保証のリスクをどのように処理しているかによって、これらの企業に対する信用リスクを逆に投資家が引き受けなくてはならないことにもなる。

家賃保証を売り物にして収益を伸ばし、市場に上場している不動産デベロッパーが、高収益を実現しているにもかかわらず、その企業の株価が低迷しているケースをしばしば見かける。

証券アナリストの説明では、家賃保証料を収益として計上している一方で、この対価となるリスク負担に相当する負債あるいはコストを計上できていないことを理由としている。このような企業は、対策を練ってリスクのオフバランスを試みているが、保証の形態によっては保険業法に抵触する場合もあり、保険業法に定められる引当金の準備等コストが新たな企業負担となる場合もある。

これに対してデベロッパー側の言い分は、引き受けたリスクの対価を費用化することは難しいとしている。現実に、不明確な表現、形態が多く存在する中で、投資家が家賃保証をどのように信用するかといった場合、その企業のコーポレートブランドの信用力に依存せざるを得ない場合が多い。また、賃貸マンション等を販売するデベロッパーも、コーポレートブランド力を前面に出してセールスするケースが多く見られる。

確かに入居による収益力は、そのデベロッパーのリーシング能力やブランド力等の総合力の結果として出てくる。このような力の評価は、本来「のれん代」として企業の資産価値を上回る株価価値として計上されるはずである。この計上された超過のれん資産が本来引受リスクを相殺することとなるが、市場（アナリスト）がはたしてこのデベロッパーのプロパティマネジメント力を本当に評価できているかどうかは疑問である。

どのような形態であれ表現であれ、このビジネスモデルの本質は、リスクの「移転」である。リスクの移転コストの算定、仕組み、移転先のリスクの処理が不明確である場合は、その引き受け手の信用リスクを、逆に投資家が引き受けなくてはならないはずである。そうでなければ、最終的にはこれら家賃保証をしている企業の資本力でリスクを負担することになる。企業の資本力でリスクを負担するということは、その背景にある金融資本市場がこのリスクにさらされることになる。

今後、これらの賃料保証が、上場された不動産収益インデックスを用いて、「これが下がれば補填する」というような市場でリスクがヘッジされる保険デリバティブ商品の開発が待たれるが、これも資本市場でこれらのリスクをヘッジすることを意味している。

リスクを移転するデリバティブ技術と、リスクを実際に軽減するマネジメント技術の違いを明確にしなければ、リスクの移転先である金融資本市場の破綻は目に見えている。

5　リスクポジション

第2章で紹介したファイナンスの均衡理論のリスクとリターンの関係は、次のとおりであった。

期待収益率 ＝ リスクフリーレート ＋ リスクプレミアムレート

どの程度のリスクを引き受けることによって、どの程度のリターンを要求するかという等式がファイナンスの理論であった。

この「どの程度のリスク」が、リスクポジションである。

アセットクラスでいえば、リスクの高いオプションのデリバティブ商品を買い、大きなリターンを求めるか、あるいは、リスクの比較的低い公社債投信で元本を保証の上、プラス何がしかの利回りを要求するか、という判断は、投資資産がどの程度リスクにさらされているかという判断でもある。

このようにリスクにさらされる程度を「リスク・エクスポージャー」と呼ぶ。リスクにさらされる部分の許容度がリスクポジションである。

リスクマネジメントの視点から見ると、さまざまなリスクポジションをとりながら、実際にリスクにさらされる部分をコントロールすることが戦略となる。

不動産投資でバイ&ホールドしている資産が持つ、金利変動リスクに関するエクスポージャーを考えるとき、有利子負債総額が見かけ上のグロスレバレッジとなり、金利キャップの購入等あるいはさまざまなスワップ技術を使って金利変動リスクをヘッジさせている場合、そのヘッジさせている分を除いたネットレバレッジがエクスポージャーとなる（等式①参照）。

これがエクスポージャーの基本的な考え方である。

簡単なモデルを示そう。

資産価値10億円の現物の不動産資産貸しビルに投資をしたとする。同時に、市場に不動産収益インデックスが上場されているとして、このインデックスの先物を5億円分売っておくとする。先物を5億円売るということは、先の収益を現時点で確定させて売ることになり、もし市場収益が下がったとしても、その分のリスクヘッジができていることになる（等式②参照）。

また、単体のシングルアセットに対してレバレッジを利かせる場合だけでなく、投資ビークルの資産ポートフォリオで考える場合、すべての資産に広くレバレッジを利かせると、すべての資産がリスクにさらされる。これに対し、一部の資産だけにレバレッジを利かせ、その

【等式①】

$$\text{金利変動リスクのエクスポージャー} = \frac{\text{有利子負債総額} - \text{ヘッジ総額}}{\text{投下資本}}$$

【等式②】

$$\text{エクスポージャー} = \frac{\begin{pmatrix}\text{買い持ち}\\ \text{エクスポージャー}\end{pmatrix} - \begin{pmatrix}\text{売り持ち}\\ \text{エクスポージャー}\end{pmatrix}}{\text{投下資本}}$$

分高いレバレッジを利かせることによって、前者の投資ビークルと同じ効果を求めたとする。この場合、後者の方がリスクにさらされる資産が限定されることになる。レバレッジによってリスクポジションを調整する手法である。

現在の金融ファイナンスでは、リスクをとるのがエクイティ（資本）である。資本金は単なる余剰貨幣の蓄積機能ではない。この資本がどの程度リスクをとれるかということが、リスクマネジメントの出発点である。

資本額を超えたリスクを被ると債務超過になり、デフォルト状態となる。どれほどのリスクにさらされているかを評価できることが、リスクマネジメントの本質ともいえる。

このことは資本主義経済において、非常に重要な点である。

サブプライム住宅ローン問題、保険デリバティブ、家賃保証等は、すべて資本市場が最終のリスクの引き受け手となっている。グローバルな資本市場といえども、多少の過食は食あたりで済むかもしれないが、リスクの許容範囲を超えると市場は破綻する。

たとえそのきっかけが些細なセクションのバブルであっても、資本市場のリスクの許容範囲がどれだけで、現在の市場全体のリスク・エクスポージャーがどの程度であるかが評価できていないと、突然、資本主義経済の終焉がやってくる危険性がある。現実に、ヘッジファンドの実態は把握されていない。

6　リスクマネジメントの最適性

どこまでリスクをヘッジするのが最適か？

不動産投資においては、戦略的にリスクポジションを想定して、リスクをとる。引き受けるリスクに相当するリターンを要求する。これが期待収益率であった。

この引き受けるリスクに、プロパティマネジメントを駆使してビジネスリスクの低減を行う。そしてプロパティマネジメントで低減できない市場リスクについては、リスクヘッジの手法を用いてマネジメントする。これがリスクマネジメントの体系であった。

図表5‐10は、SPCを使った資産40億円の実物不動産投資の投資ビークルである。この投資ビークルでは、総額1億円超という非常に高いコストを計上している。その中に前述の金融デリバティブ商品「キャップコスト」を計上している。このような高コストは投資家が本来得るべき収益を圧縮することになるが、その分非常に信頼性の高い収益を得ることとなる。

このように、確かに収益は少なくなったが、その分信頼性の高くなった収益に対して高いレバレッジを多用する。図表5‐10の例では、LTV79％というハイレバレッジビークルになっている。これがハイレバレッジ投資ビークルである。

このような投資ビークルには、ハイレバレッジに耐えうる高い収益力が求められる。そのために上質なマネジメントが投入され、かつ、高コストを支払ってリスクヘッジもされる。図表5・10の投資ビークルのケースでは、キャップのストライク金利5％を想定している。つまり、この投資の収益率が5％まで下がることを想定して、その部分をリスクヘッジしていることになる。

　レバレッジのリスクはa（収益率）とi（金利）の関係であった。もしこの投資ビークルのアセットマネージャーが優秀で、十分なプロパティマネジメント技術を配置でき、どんなことがあっても収益率6％を下回らない実力があったとすると、金利が6％以上にならないヘッジで十分である。金利が5％以上になる可能性と6％以上になる可能性は後者の方が低く、当然ヘッジコストも低い。この投資ビークルは5％というオーバーヘッジコストを支出していることになる。

　逆にこの投資家が非常に未熟で、プロパティマネジメントに関する知識・技術がなく、収益率が4％まで落ちる可能性があるとする。その場合、ヘッジ

図表5－10　SPCの投資ビークルモデル

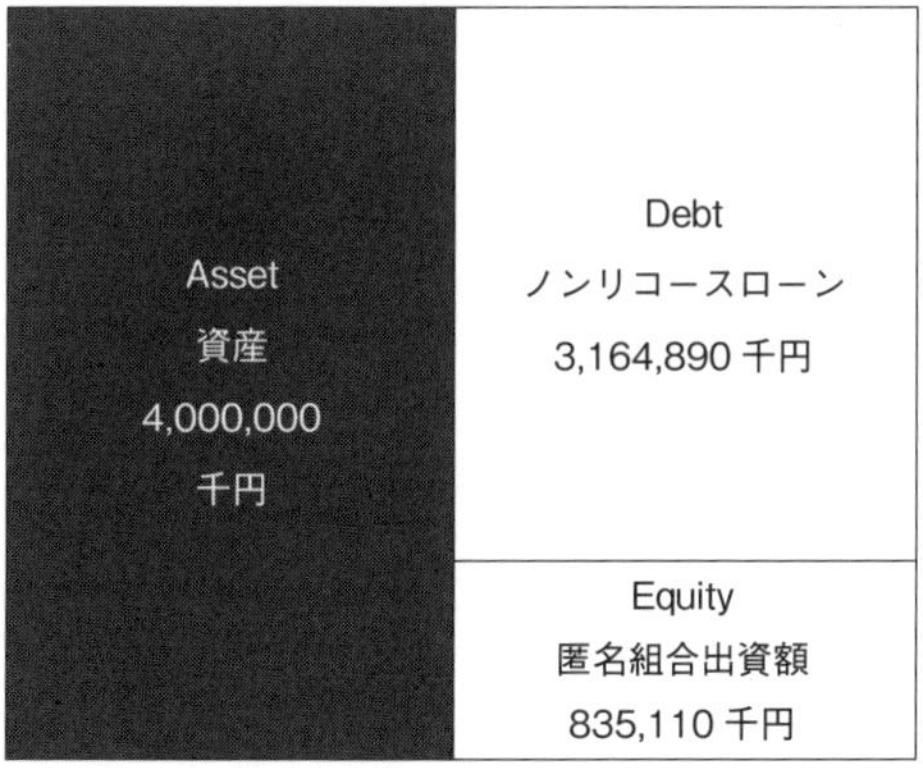

・ケイマンSPC	300,000円
・有限会社出資金	3,000,000円
・信託報酬	17,500,000円
・デューデリ費用	1,500,000円
・弁護士費用	10,000,000円
・税理士報酬	2,000,000円
・登記費用	21,000,000円
・キャップコスト	**8,295,000円**
・手数料	41,473,000円
・その他	2,000,000円
・合計	107,068,000円

・金利LIBOR＋3％

・ストライク5％

不足（4%＜5%）となり、オーバーレバレッジになる可能性がある。

未熟な投資家が、プロパティマネジメント技術の不足分を補うために行う戦略的なオーバーヘッジ（過剰ヘッジ）はよくあることである。これが可能なゆえに、新規参入の投資家を市場に呼び込むことが可能となる。しかし本来であれば、最適なリスクマネジメントのあり方を求めなくてはならない。

第4章で解説したように、投資ビークルにはアセットホルダー、デットホルダー、エクイティホルダーという利害関係者がいるが、それぞれの利害関係者にとって「最適」は異なる。

例えばノンリコースローン提供者にとっては、デフォルトリスクを抑えるために、アセットマネージャーの技量に関係なく高いキャップの設定を要求する。なぜなら、そのコストはエクイティホルダーが支払うからである。デットホルダーは、支払コストに関係なく、自分にとって都合の良いリスクヘッジのメリットを要求することができる。

他方、エクイティホルダーは技量の高いアセットマネージャーの技術によるリスク低減を期待してその分キャップコストを抑え、投資収益を改善しようとする。またアセットホルダーとしては、十分な予算の中で業務を行おうとするであろう。たとえそれがデットホルダーとエクイティホルダーのリスクとなろうとも。

リスクの最適性の問題は、誰のためのリスクマネジメントかがカギとなる。

リスク移転のみに依存する危険性

前述した家賃保証は、リスクの移転でしかない。家賃収入からなる収益の劣下は、テナント・

店子《たなこ》とのリレーションシップ（関係協調）のモニタリング等からテナントの不満、滞納リスクを未然に防ぎ、ビジネスの劣下リスクを事前に察知してはじめて対処できる。

これが、本質的なリスクを軽減するプロパティマネジメントである。

安易なリスク移転で、本来のリスク低減ができず、かえってこのようなリスクが増大すれば、むしろ市場全体のリスク増加につながる。市場全体のリスクが増大すれば、結果的にリスク移転コストも増加してしまう。リスクマネジメントの最適性の概念は、今後ますます重要になってくるであろう。

サブプライム住宅ローン証券破綻の問題は、リスク低減の技術革新を怠り、リスク移転のみに偏った金融技術の乱用に対する警鐘である。確かに２０００年以降、アメリカで堅調に成長した住宅好景気は、リスク移転の仕組みが作られていた。しかしそれが破綻した背景には、リスクが移転されてしまったことによって、本来リスクの高い低所得者層に住宅を販売するのに必要となる債権管理、モニタリング、債権回収業務等のマネジメントをなおざりにしてしまったことがある。

リスク移転であるリスクヘッジとリスク低減であるプロパティマネジメントの最適性の概念がなく、逆にリスク移転の上に胡坐をかき、その低減の努力を怠ったために、むしろ本質的な住宅ローン市場のリスクの増大を起こしてしまった。米国の住宅ローン市場は、リスクを移転する前より大きな破綻を被る結果となってしまった。それはリスク移転を過信したモラルハザードにより、本源的なリスク低減を怠ったツケである。

テクニックに偏った投資戦略は、資本市場のリスク・エクスポージャーを高めるだけである。

7　資本主義とリスク

資本の形成

資本（貨幣の蓄積）を元手に、自由に生産手段を入手して製品を作り、自由な交換市場で販売を繰り返し利潤を上げ、この利潤を蓄積することによってさらに資本を成長させていく。このように自由競争と市場管理が共存し、あくまで資本の成長を目的とした経済システムが資本主義であった。

この資本主義の登場は、資本と労働が分離した時点が、その原点となる。

資本と労働が分離する以前は、自分の労働の範囲内で資本の蓄積が行われたため、その蓄積には限界があった。古典派経済学が言うところの「完全雇用下の労働市場」である。しかし、この二つが分離したことにより、余剰の労働力が市場に登場し、資本の蓄積を目的として安い労働力を他から購入し、より大きな成長を目指すことが可能となった。

資本主義が進化する過程で市場の自動調整機能が効かず、なかなか均衡しようとしない市場に対して、有効需要を与えることで市場に均衡をもたらすのが、ケインズ経済学の考えであった。

第2次世界大戦後の西側先進国では、大きな政府を作り上げ、不景気になり税収が減ると、自然に赤字財政となった。大きな政府支出がそのまま有効需要となり、景気が良くなれば税収増を実現して赤字財政を補填するという自動制御機能を自負した。民間だけでなく政府の資本を増強することにより、大きな利権（権力）を誇示した。

しかし、常に過剰を求め増加する公共投資を削減することができず、その結果、巨大な財政赤字により破綻を来たすことになる。

資本を増強し独占的なパワーを持つことで、市場でより有利な立場をとることが可能となる。企業が資本市場で欲するのは、市場で自社に有利な価格を設定でき、他社を排除し、独占的な利益を得ることができる力を持つことである。いかに市場の均衡から乖離した過剰な生産を実現し、過剰な利益を得ることができるか。これが独占資本、寡占資本の目的である。

資本を拡大することがすべてに優先する資本主義においては、民間資本だけのものではなくなり、社会資本もその大きな利権を持つようになる。民間の投資による資本の成長と、公共投資による資本の成長が並行し、「混合経済体制」を作り上げた。１９６０年代のアメリカ、１９７０、８０年代の日本がこれに当たる。

１９８０年代になると、アメリカのレーガノミクス、イギリスのサッチャーイズムが、混合経済体制（大きな政府）に代わって登場する。

これらの政策は、財政支出ではなく金融政策による経済政策を中心にした「小さな政府」を標榜した新自由主義である。新自由主義とは、市場経済を機能させるために、規制を排除した自由な経済体制である。これが市場経済主義の台頭である。日本では20年後の小泉内閣の登場がこれに相当する。

市場経済とリスクの登場

その後、市場経済主義の登場とともにリスクが市場に顕在化し、大きな転換期を迎える。

１９７０年代、８０年代の財政支出、公共事業によって市場を均衡に導いてきた時代には、「リスク」という言葉は登場していない。この時代までの資本は余剰利潤そのものであり、その蓄積であった。

この時代の資本主義経済では、例えば利子率が変動して投資量を決定する、投資と貯蓄が均衡させるように所得が決まるように、ある要素が変動することで他の要素が変動し、新しい均衡へ移行させる市場のダイナミズム（力強い変革創造の力）が重要であった。ある要素に変動を誘引させる要素としてリスクファクターも注目されたが、「変動」そのものが市場の重要な要素ではなかった。

変動がリスクとなったのは、変動自体が非常に大きくなり、変動を生じさせるリスクファクターより、変動そのものが脅威の対象となってからである。

例えば、耐震偽装事件が起き、構造物の「耐震リスク」というものが市場に顕在化した。その結果、第2章で紹介した「４象限均衡理論」において市場ストックの減歩率が高まり、限界費用曲線が高くなり均衡に非生産的な変動をもたらす。さらにアスベストリスク、土壌汚染リスク等が市場に顕在化してくると、その市場リスクが非常に高くなり、高いリスクプレミアムを要求され、市場の要求利回りが高くなり資本市場のキャップレートも高くなる。

その結果、投資行為が、市場の金利よりも市場のリスクプライムレートの変動に敏感に反応するようになる。

「失われた10年」といわれた時代には、いくら金利が低く金融緩和政策がとられても、一向に投資は増えなかった。市場で増大するリスクに対処できなかったからである。投資自体が持つリスクに対するプレミアム、市場自体が持つリスクに対するプレミアム以上の収益を得られるかどうかが、投資を決定する重要な要素となってきたわけである。

リスクとは、別の言い方をすれば、想定される新しい均衡状態に向かおうとするトレンド（方向性）をブレさせる障害要素であり、価格が均衡（収束）に向かうのを阻む要因である。

ケインズ経済学以前の古典派経済学では、均衡が自動的に市場に登場するメカニズムの解明が中心であった。それがケインズ経済学では、均衡を実現するための、より実用的な一般均衡モデルが説明され、それが経済政策に寄与したことによって経済のパラダイムチェンジが起こった。

「市場が均衡しなければ、どのようにして均衡を作り上げるか」

これが有効需要の本質であった。投資は金利によって決定されるが、金利が過剰に低くなると、投資するよりも「手元に現金を置いておきたい」という流動性選好が起きる。この考え方は、均衡をもたらさない市場メカニズムの解明でもあった。これこそリスクではあったが、リスクという言葉が市場に登場するのはさらに先のことである。

ケインズの均衡理論では、市場に余剰労働力があるとき、政府支出等の有効需要によって、不足する需要を補い、市場の均衡メカニズムを作り上げるというものであった。もし労働の余剰が膨大にある場合、膨大な政府支出が続くだけである。これが次々と起こるグローバルな都市の生産性格差の裁定によって生じる現象である。安い労働力を求めて中国沿海部、内陸部、ベトナム……へ、次々と賃金の裁定をし続けていく。余剰の低賃金は無尽蔵にある状態である。

前掲の図表5‐1を見ても分かるように、市場にリスクという概念が登場し始めたのは1980年代に入ってからである。しかも、この80年代当初のリスクは、そのほとんどが海外で事業をする場合の地勢リスク、リーガルリスクであった。為替すらまだそれほど大きな変動をしていなかった（事実固定相場制が多かった）。1980年代前半では、リスクという概念が市場に顕在化していなかったのである。

それがリスク概念の登場とともに、従来型の資本の拡大とそれによる市場の支配を目的とする資本（パワー拡大至上）主義は、その表現すら距離を置かれ、資本も市場のニーズの一つでしかないという「市場経済主義」へと変貌していく。

それまでの資本力が持つ支配というイメージと、リスクを大きくとりすぎる資本に対する投資家のイメージは、必ずしも資本拡大を至上のものとはしなくなった。

リスクの増大とリスク移転のニーズ

現在では、資本の役割が「リスク（価値変動）を負担する機能」として明確なポジションをとるようになった。

リスクを引き受けるのが資本の重要な機能であり、市場が資本に要求する機能の一つとなった。その意味で、リスクをとるマネー、レバレッジを利かすデットマネー、アセットのマネジメント技術がコラボレーションして、はじめて高い投資収益が実現する。市場にリスクが非常に大きく顕在化する中で、資本がリスクをとるという機能が明確になったわけである。

昨今の市場におけるリスクの増大は、同時にリスク回避のニーズを顕在化させた。このニーズに応えたのが、金融工学の技術であった。

金融工学の原点は、第2章で紹介したファイナンスの均衡理論であった。新しく顕在化したニーズに対し、新しい技術革新で応えることによって投資ビジネス市場は成長する。これがマーケティングの原理原則である。

しかし市場の現場では、本質的なリスクの低減あるいは分散による低減より、「移転によるリスク回避」のニーズが注目されるようになった。例えば年金改革について、確定給付から確定拠出への変化は、企業が抱える年金運用のリスク回避である。確定拠出による個人の運用は、それまでの公社債を中心にしたリスクの低い企業運用からリスクの高い直接投資へとリスクを拡大させた。その結果、より大きなリスク回避へのニーズを市場で顕在化させた。

世界中で起きた金融システムの間接金融から直接金融への転換も、明らかな「金融機関がとっていたリスクの移転システム」である。

２０００年に入り、先進諸国におけるデフレ経済、若年労働者不足等のファンダメンタルズが低成長基調へと変わっていく。この低成長を補うため、高い収益への市場ニーズが顕在化した。「貯蓄から投資へ」の掛け声で、証券市場のビジネスが投資信託市場の拡大へと進んだ。個人投資家に、貯蓄ではなく投資ファンドへ向かわせることも明らかにリスクの移転である。市場でのリスクが急速に増大する中で、「高いリターンを得たい」という投資家が、そのリターンに必要なリスクを移転させたいという、明確な市場ニーズが顕在化したのである。

そして、このようなニーズに応えたのが金融工学の技術であった。

リスクの増大によって登場する金融資本

しかしその結果、金融資本市場には、ありとあらゆる「移転された」あるいは「増幅された」リスクが、その引き受け手を求めて集まってくることになった。

金融資本はリスクを引き受ける見返りとして、ますます高いリターンを要求する。資本がリスクをとるのは、市場ニーズの結果である。市場のリスクが大きくなればなるほど、資本の役割が非常に大きくなる。アセットホルダー、デットホルダー、エクイティホルダーが協力して企業価値を上げることは、単なる妄想でしかなくなる状況すら生じる。

「投資ビークル（例えば企業）は誰のものか?」というレベルの低い疑問の再登場である。市場ニーズとともに資本のリスクをとる機能が突出し、資本の力が増大したのが金融資本主義である。従来の産業資本主義とはまったく違った意味で、資本が力を持つイデオロギー（主義）となる。そこではリスクをとる力が大きな報酬を得、大きな資本力がまた市場を支配した。市場経済への過信がリスクを増大させ、資本主義の本質を「産業」から「金融」へ変えてしまったのだ。

ますますリスクが蓄積される金融資本市場

金融資本は、ますます大きな利益を求めるために、より有利なポジションを手にしようとする。そこではエクイティホルダーの価値の増大だけに着眼した、行儀の悪いM&A等も横行するようになる。ステークホルダーがすべての利害関係者を意味する理想郷はなくなり、金融資本そのものがステークホルダーを代表するという印象すら受ける。

このようなリスクマネーの供給は、一部の匿名投資家の私募ファンドだけではない。年金基金等の公的な資金の一部も、このように金融資本化しつつある。

日本の企業年金連合会は、投資先の企業に対してＲＯＥ８％を要求している。３年連続して８％を下回る場合、役員選任を否決するものである（日本経済新聞２００７／２／28朝刊）。アメリカ企業の平均ＲＯＥが10％以上、トップクラスで30％以上あるといわれ、これに比べて日本企業のＲＯＥが非常に低いというのが「定説」である。

アメリカではすでに金融資本の力が強くなりすぎて、高いＲＯＥのみがクローズアップされている。アメリカのトップ企業のＲＯＥは、確かに日本のトップ企業のＲＯＥ平均より高いが、アメリカ企業のＲＯＥは時系列変動が非常に大きいという研究調査もある（伊丹敬之編著『日米企業の利益率格差』有斐閣、２００６年）。この研究によると、日本企業のＲＯＥはアメリカに比べて安定しているという。

つまりアメリカの市場では、企業が次から次へと入れ替わり、その一部の企業の一時的な利益率の高さだけで市場を支配しているということになる。

なぜこのような「通説」がいつの間にか日本での「定説」になったのか。これが市場の支配力（ヘゲモニー）であり、この力を行使するためのツールがグローバルスタンダードである。今後ますます海外あるいは「海外ナイズ」された金融資本が、その巨大な力に物を言わせて高いＲＯＥを求めることになろう。市場で資本を調達しようとすると、ますます利益の高い投資ばかりが要求され、利益の低い産業資本は市場から退場させられる。これは裏を返せば、このような金融資本市場自体が非常にリスクの高い市場となることを意味している。

このようなリスクが市場のリスク許容量の範囲を超過したとき、資本市場はどうなるのだろうか。

ついにはじまったリスク移転の競争

企業あるいは国においても、リスクを引き受ける機能を持つ資本の拡大は、大きなリスクポジションをとることを意味し、これに対する最近のリスクマネジメントは、余分なリスクをオフバランスさせることのみに専念する。

企業組織では、コア事業だけを中心組織に集中し、他の事業は隔離した子会社等へオフバランスした。不動産企業が所有する不動産資産をＲＥＩＴや私募ファンドで運用し、間接的な関与を持つようになった。また必要に応じてＭ＆Ａを行い、ＩＰＯ（新規上場）による出口戦略をとる。リスクの回避を目的とする戦略的な資本の隔離である。

最後にどうしてもとらなければならないリスクに対しても、そのリスクをヘッジする技術が講じられる。フルヘッジポジションの考え方は、とるべきリスクと、持たないリスクを取捨選択する中で、必要最小限の資本を要求するようになった。「最適性」の概念である。

国・官といえども余分なリスク資産（国有資産）、利権をオフバランスし、民間あるいは地方自治体に権限委譲するようになる。

例えば、郵政民営化は郵便事業を民間に開放することであるが、具体的には国がとってきたリスクを民間に移転することである。

郵政民営化で問題になった財政投融資の本質は、国が長期的に安定した資金を提供して、変動を受けることなく社会基盤整備、民間の住宅整備を進める政策資金であった。住宅の購入者は金融公庫などを通じて、長期に固定した住宅ローンを利用して購入することができた。

しかし、官の効率化を進めるためにこの財政投融資を廃止したことにより、長期に固定した住宅資金の提供がなくなり、市場からリスクのある資金を入手する必要が出てきた。リスクを民間で引き受けなくてはならなくなったのだ。このような手法による官の効率化の本質は、国の単なるリスクテイクの放棄でしかない。

今後ますます増えるであろう民営化あるいはＰＦＩ等の民力活用の手法は、即金融資本市場へのリスク移転であり、金融資本市場のリスク・エクスポージャーの増大を意味する。民間の企業でも持たなくてはならないリスク資本は、マネジメントしやすい形態の投資ビークルで保管し、倒産隔離を持たせ、いつでもオフバランスできるようになった。そして、必要に応じてＭ＆Ａ等の出口戦略を行う。

ただし、このような戦略的な出口戦略をとれる大資本はまだ良い。

中小企業の継承（出口）では、Ｍ＆Ａを行うケースはまれであり、この資本を相続あるいは禅譲することを意味している。しかし、資本にリスクが偏りすぎることによって、企業を継承する人手不足は、実際に子供がいないのではなく、リスクを引き継ぐ子供をなくしてしまう。このような出口のない市場に、投資が集まるはずはない。

日本の製造業のように、中小零細企業による下支えがあってはじめて成り立つ産業構造では、これは非常に重要な問題となる。日本の生産性が製造業によって支えられていることは、第1章でも紹介したとおりである。

リスクの移転は、リスクのオフバランスではない。

同じグローバルな市場にいる限り、移転されたリスクも同居し続けているのである。

おわりに

「市場の均衡を予測すること」

これがまさに市場のメカニズムを理解する目的である。

想定される均衡値との裁定機会が、ビジネスチャンスそのものとなる。市場での新しいニーズが大きなイノベーションの卵となる。このイノベーションが大きな裁定機会を生み、ビジネスとなる。裁定を繰り返すことにより、やがて裁定機会がなくなり、均衡状態になる。

この均衡を打ち破る創造的破壊は、新技術、新製品だけではない。ビジネスモデルも新しいイノベーションに相当する機能がある。マーケティングの戦略は、単なる品質競争からブランド戦略を経て、ビジネスモデル戦略の時代に入った。

マクロ経済を見てみると、大きな流れはグローバリズムである。

それまでは国単位で経済の市場メカニズムを考えていたのが、ボーダー（国境）の存在が非常に低くなり、国別の市場単位で存在していたマネーが世界市場へ流出してしまった。日本の1500兆円ともいわれる個人の金融資産も、中国、インドの成長性のある株で運用されるなど、国内にとどまることはない。

このよう状況では、グローバル市場に集まった資金が塊（金融資本）となって、一気に世界中を動き回る。石油市場であろうが、金あるいは鉱物資源の市場であろうが、一度目をつけた市場へ、一気に流入して価格を乱高下させる。地域に関係なく、ＥＵ経済圏、中国、インド、ロシアそれぞれの市場へも一気に流れ込む。

現在の市場は、非常に流動性の高い市場になってしまった。

「流動性が高い」ということは、それだけリスクも大きいということである。

グローバル経済の最大の特徴は、貿易から資本移転への転換である。リスクがますます大きくなっていく経済下では、リスクを引き受ける資本の役割が非常に大きくなる。金融資本が非常に大きな力を持つようになったわけだ。

その資本が、自由を標榜する市場に一気にやってくる。

それは移転されたリスクを大量に抱え込むことに他ならない。

不動産投資マネジメントの本質は、本来のリスクを低減することである。

リスクの移転は重要な戦略の一つではあるが、最終目的ではない。移転されたリスクはいずれどこかで蓄積される。

昨今、さまざまな企業や組織で先送りされ、移転されてきた裏金、品質偽造などの不祥事が内部告発されている。

リスクのモニタリング機能が市場に登場してきたわけだ。

このようなモニタリングビジネスが今後、必要になるだろう。

【参考文献】

・David・Geltner, Norman・G・Miller “Commercial Real Estate Analysis and Investment” South-Western Educational Pub
・D・ディパスクェル他著、瀬古美喜他訳『都市と不動産の経済学』創文社（２００１）
・伊丹敬之著『日米企業の利益率格差』有斐閣（２００６）
・J・M・ケインズ著、塩野谷九十九訳『ケインズ　雇用・利子および貨幣の一般理論』東洋経済新報社（１９７７）
・伊東光晴著『ケインズ』岩波新書（１９６２）
・伊東光晴他著『シュンペーター』岩波新書（１９９３）
・黒坂真編著『ミクロ経済学を学ぶ』法律文化社（２００４）
・加藤義忠他著『小売商業政策の展開』同文館出版（１９９６）
・拙著『ハイレバレッジ不動産投資』清文社（２００６）
・拙著『不動産投資戦略』清文社（２００４）
・ピーター・バーンスタイン著、青山護訳『リスク』日本経済新聞社（１９９８）
・D・A・アーカー著、陶山計介他訳『ブランド・エクイティ戦略』ダイヤモンド社（１９９４）
・マイケル・E・ポーター著、竹内弘高訳『競争戦略論』ダイヤモンド社（１９９９）
・アラン・グリーンスパン著、山岡洋一他訳『波乱の時代（上・下）』日本経済新聞社（２００７）
・唐渡広志・八田達夫著「容積率緩和の便益」『住宅土地経済』No.50（２００３）

著者紹介

川津《かわつ》 昌作《しょうさく》

1958年　生まれ
1981年　滋賀大学経済学部卒業
同年　松下電器産業株式会社入社
1985年　川津ビル株式会社　代表取締役
同年　川津商事株式会社　代表取締役
現　在　自ら不動産資産を運用しながら、不動産コンサルタントとして
不動産の売買、仲介にも従事している。
博士(経営学)名古屋学院大学大学院
インターネットWEBサイト
『不動産何でも相談室』主宰
http://www.kawatu.co.jp/nagoya/

著　書　『不動産投資マネージメントの戦略』(2000) 晃洋書房
『不動産投資の成長メカニズム』(2002) 清文社
上記書籍は2004年、ハングル語に翻訳され韓国で発刊された。
『不動産投資戦略』(2004) 清文社
『ハイレバレッジ不動産投資』(2006) 清文社

リスクを移転《いてん》し始《はじ》めた不動産投資市場《ふどうさんとうししじょう》——移転《いてん》したリスクはどこへ行《い》くのか？

2008年4月30日　発行

著　者　川《かわ》津《つ》昌《しょう》作《さく》
発行者　小泉定裕
発行所　株式会社　清　文　社

URL：http://www.skattsei.co.jp
大阪市北区天神橋2丁目北2－6（大和南森町ビル）
〒530-0041　電話06（6135）4050　FAX06（6135）4059
東京都千代田区神田司町2－8－4（吹田屋ビル）
〒101-0048　電話03（5289）9931　FAX03（5289）9917

印刷・製本　株式会社　太洋社

ISBN 978-4-433-38018-2